Hessische Landeszentrale für politische Bildung

Carmen Everts (Hg.)

Gegner und Grenzen der Freiheit:
Herausforderungen für den demokratischen Verfassungsstaat

Inhalt

Vorwort 5

Steffen Kailitz
Formen der Autokratie 7

Eckhard Jesse und Tom Thieme
Politischer Extremismus in Deutschland und Europa 25

Carmen Everts
Die Konzeption der Streitbaren Demokratie - Die
Grenzen der Freiheit und das "demokratische Dilemma" 49

Weiterführende Literaturhinweise 75

Impressum 76

Vorwort

Der demokratische Verfassungsstaat ist immer wieder durch seine Gegner gefordert. Autoritäre und totalitäre Staaten der Vergangenheit und Gegenwart zeigen durch ihre Gewalt und Willkürherrschaft immer wieder, wo fundamentale Grundwerte und Ordnungsprinzipien einer freiheitlichen Demokratie ausgehebelt oder komplett überwunden werden. Und auch in den modernen Demokratien streben extremistische und fundamentalistische Akteure immer wieder an, die offene Gesellschaft in eine geschlossene, ideologisch in ihrem Sinn geprägte Gesellschaft umzuwandeln.

Es ist eine leidvolle Erkenntnis aus der doppelten Diktaturerfahrung in Deutschland, aber auch aus den autoritären Systemen anderer Länder, dass fundamentale Menschen- und Freiheitsrechte immer wieder unter dem Deckmantel einer vermeintlichen Legitimation, sei sie ideologisch, religiös, traditionell oder personell begründet, durch Machthaber verletzt werden, bis hin zu schlimmsten Gräueltaten gegenüber den eigenen und fremden Bevölkerung. Aber nicht nur die real eingetretene Katastrophe der Diktatur, auch die extremistischen Bestrebungen in der offenen Gesellschaft sollte uns wachsam bleiben lassen. Politisch motivierte Gewalttaten bis hin zum Mord, gewalttätige Ausschreitungen, übelste Agitation und Hassschriften sind nicht hinnehmbar und rechtsstaatlich zu sanktionieren. Die Auseinandersetzung beginnt aber schon auf geistiger Ebene mit der ideologischen Rechtfertigung solcher Straftaten, mit der programmatischen Forderung eines Systemwechsels, mit einer Absage an die Grundwerte und -prinzipien der freiheitlich-demokratischen Grundordnung. Hier ist die offene Gesellschaft gefordert, um ihrer selbst willen für ihre eigenen Werte einzustehen.

Mit dieser Broschüre soll einerseits der Blick auf die extremistischen Gegenmodelle zum demokratischen Verfassungsstaat geworfen werden. Dabei wird zum einen im Beitrag von Steffen Kailitz das Feld der Autokratien beleuchtet, also der Staaten, in denen sich antidemokratische Ordnungsvorstellungen manifestiert haben. Zum anderen stellen Eckhard Jesse und Tom Thieme in ihrem Beitrag unterschiedliche Facetten des politischen Extremismus in Deutschland und Europa vor. Gerade weil anhand dieser Beispiele sichtbar wird, wie stark die freiheitliche Demokratie in der Auseinandersetzung mit ihren Gegnern steht, stößt man zwangsläufig auch auf die Frage, wie weit die Toleranz in der offenen Gesellschaft reichen kann oder wo sie eine Grenze der Freiheit ziehen muss, will sie sich nicht selbst preisgeben. Der dritte Beitrag von Carmen Everts stellt daher anderseits die Konzeption der streitbaren Demokratie vor und erörtert dabei auch das Dilemma, wenn der demokratische Staat zum eigenen Schutz in konstitutive Grund- und Freiheitsrechte eingreift.

Im Anhang sind weiterführende Literaturhinweise zusammengefasst, die – wie die Beiträge auch – dazu anregen sollen, sich mit kontroversen Fragen der Extremismus- und Demokratieforschung auseinanderzusetzen, wie etwa die Einordnung von Parteien, Anschauungen oder Staatsformen innerhalb des demokratischen oder extremen Spektrums. Vor allem sollen sie auch das Bewusstsein schärfen für die Gefährdungen, aber vor allem auch für die schützenswerten Grundprinzipien unserer freiheitlichen demokratischen Grundordnung. Das Gegensatzpaar Extremismus und Demokratie bzw. Diktatur und Demokratie ist kein theoretisches, sondern ein immer noch sehr konkretes Feld der politischen Auseinandersetzung. Die freiheitliche Demokratie lebt vor allem von den Demokraten, die ihre Verfassungsordnung mit Leben erfüllen, die für ihren Erhalt eintreten und sich in der offenen Gesellschaft mit extremistischen Tendenzen bewusst und wachsam auseinandersetzen.

Carmen Everts, Referatsleiterin der
Hessischen Landeszentrale für politische Bildung
Wiesbaden, Dezember 2011

Steffen Kailitz

Formen der Autokratie

I. Einleitung

Der Blick in die Geschichte zeigt, dass rund 99 Prozent aller historischen politischen Regime nicht-demokratischer Natur waren, wenn auch damit keineswegs zwangsläufig autokratischer Natur. Noch die erste Hälfte des 20. Jahrhunderts war stark geprägt vom Aufkommen der kommunistischen, faschistischen und nationalsozialistischen Autokratien. Die deutsche Geschichte ist nach dem Dritten Reich und der DDR in besonderem Maße mit dem Erbe autokratischer Regime belastet. Obwohl in den letzten Jahrzehnten – insbesondere zwischen 1990 und 1995 – die Zahl der Demokratien steil anstieg, lebt noch heute kaum weniger als ein Drittel der Menschheit in Autokratien verschiedenster Art.[1] Sicher, dass Demokratisierungsstreben der Bürger in der arabischen Welt bekräftigt wieder einmal: Die Demokratie ist langfristig auf der Gewinnerstraße, sie muss nur manchmal etwas Atem vor der nächsten Welle holen. Die Annahme, dass nun aber schon sehr bald das längst versprochene glückselige „Ende der Geschichte" in Gestalt einer weltweiten Ausbreitung der liberalen Demokratie[2] erreicht sein wird, wäre aber trügerisch. Bevor dies geschieht, werden wir noch viele Demokratien nach anfänglicher Euphorie in Scherben zerbrechen sehen und die Namen neuer, z.T. noch ungeborener Autokraten kennenlernen.

Autokratien können dabei in vielerlei Formen auftreten, die sich grundlegend voneinander unterscheiden.[3] Die heutigen Autokraten frisieren und kleiden sich dabei zunehmend wie Demokraten. Die Strategien der Manipulation des Spiels werden immer ausgeklügelter, die Beobachter am Spieltisch aber auch immer misstrauischer. Für Autokraten geraten dunkle Sonnenbrillen, martialische Uniformen, operettenhafte Kostüme und blumige Herrschertitel zunehmend aus der Mode. Der schicke Bankeranzug und der souveräne Auftritt auf internationalem Parkett sind dagegen en vogue.

---

[1] Überblicke über die neuere Autokratieforschung bieten: Steffen Kailitz: Stand und Perspektiven der Autokratieforschung, in: Zeitschrift für Politikwissenschaft 19 (2009), S. 437-488 und Patrick Köllner: Autoritäre Regime – Ein Überblick über die jüngere Literatur, in: Zeitschrift für Vergleichende Politikwissenschaft 2 (2008), S. 351-366.

[2] So die bekannte Prognose Anfang der 1990er Jahre von Francis Fukuyama: Das Ende der Geschichte, München 1992.

[3] Vgl. Steffen Kailitz: Varianten der Autokratie im 20. und 21. Jahrhundert, in: Totalitarismus und Demokratie 6 (2009), S. 209-251.

II. Spielarten der Autokratie

Wer zwischen Demokratie und Autokratie unterscheiden will, muss zunächst einmal souveräne Staaten von Gebieten trennen, denen es an Staatlichkeit mangelt. Ein Staat braucht Bürger, ein Gebiet und eine effektive Regierung.[4] Alle Gebiete, in denen die Regierung wie in Somalia nicht über ein effektives Gewaltmonopol verfügt, sind weder Autokratien noch Demokratien.[5] Das lässt sich so zusammenfassen: Kein Staat, kein politisches Regime. Erst wenn wir einen Staat (als funktionierende Hardware) vor uns haben, können wir also sinnvoll zwischen Demokratie und Autokratie (also die eine oder andere Software als Regimeform) unterscheiden.[6]

Grundsätzlich lässt sich mit Blick auf die Herrschaftslegitimation und die Herrschaftsweise von politischen Regimen mit Forschern wie Max Weber und Juan Linz zwischen Staaten mit prämoderner und moderner Herrschaftslegitimation und Herrschaftsweise unterscheiden.[7]

Prämoderne personalistische Herrschaft:	Moderne institutionalistische Herrschaft:
1. die Herrschaft wird personal durch Tradition und/oder außergewöhnliche Eigenschaften des Herrschers begründet. Die Besetzung von Ämtern im Staatsapparat erfolgt über die Nähe zum Herrscher oder bei untergeordneten Positionen über Nähe zu Günstlingen. Politische Macht liegt bei konkreten Personen und ist nicht ämterabhängig. Der Herrscher und sein Umfeld stehen dabei über den Regeln, die für alle anderen gelten und der Herrscher kann die Regeln – weitgehend unbeschränkt und willkürlich – setzen. Auch ansonsten hebelt die personale Macht formale Regeln im Zweifelsfall aus.[8]	1. die Herrschaft wird rational-legal legitimiert. Die Besetzung von Ämtern im Staatsapparat erfolgt aufgrund von Ausbildung und konkreten Leistungen oder der Wahl durch die Bürger. Politische Macht ist weitgehend ämterabhängig und nicht personal.

---

[4] Vgl. Georg Jellinek: Allgemeine Staatslehre, Berlin 1900.

[5] Vgl. etwa Juan Linz/Alfred Stepan: Toward Consolidated Democracies, Baltimore, Md., London 2001, S. 93: „No state, no democracy."

[6] Die Computeranalogie stammt von Patrick H. O'Neil: Essentials of comparative politics, New York, N.Y. 2007, S. 25

[7] Vgl. Juan Linz: Totalitäre und autoritäre Regime, Berlin 2003, S. 112.

[8] Wenn auch in vielen historischen Details nicht korrekt, liefert die Fernsehserie „Tudors" doch ein recht anschauliches Bild der Funktionsweise einer prämodernen personalistischen Herrschaft.

2. die Bürger sind nicht der entscheidende Bezugspunkt der Politik und sie sind nicht an den politischen Prozessen beteiligt. Es gibt keine modernen politischen Institutionen wie Parteien und Parlament oder diese sind machtlos.	2. die Bürger sind Bezugspunkt der Politik und an den politischen Prozessen beteiligt. Es gibt moderne politische Institutionen wie Parteien und Parlament mit effektiver politischer Gestaltungsmacht.

1. Prämoderne Herrschaftsformen

Unter die prämodernen Herrschaften fallen zwei der drei legitimen Herrschaftsformen, die Max Weber charakterisiert hat.[9] Es handelt sich um die traditionale und um die charismatische Herrschaftsform. Diese beiden Typen haben weitgehende Gemeinsamkeiten, die es erlauben, sie gemeinsam unter den Oberbegriff der prämodernen patrimonialen Regime zu fassen. Niemand kann in solchen Regimen den politischen Führer zur Rechenschaft ziehen. Es kann auch kein Amtsenthebungsverfahren durch ein Gericht eingeleitet werden. Der Führer steht nämlich über dem Gesetz. Patrimoniale Regime zeichnen sich nicht zuletzt durch eine unsaubere Trennung von Privatbesitz und Staatsbesitz aus. Idealtypisch kommt die Haltung patrimonialer Herrscher in dem berühmten Satz von Ludwig XIV. zum Ausdruck: „Der Staat bin ich". Die Herrschaft stützt sich auf Polizei und Militär sowie ein Patron-Klient-System. Die Nachfolge erfolgt durch Vererbung, persönliche Bestimmung eines Nachfolgers oder ist ungeregelt.

Überleben können patrimoniale Regime nur so lange, die Bürger nicht allzu stark an effektiver politischer Partizipation interessiert sind und passiv bleiben. Eine Mobilisierung oder Ideologisierung der Beherrschten wäre für diesen Herrschaftstypus kontraproduktiv, da damit die von den Beherrschten unabhängige eigene prämoderne Legitimation infrage gestellt würde. Reinen patrimonialen Regimen fehlen mit Parlament und Parteien Kanäle, um die Forderungen der Bürger wirksam berücksichtigen und verarbeiten zu können. Ihnen fehlt zugleich eine Plattform, um Konflikte innerhalb der Eliten gewaltlos austragen zu können. Aus Sicht der politischen Systemtheorie sind solche Regime notorisch instabil.[10]

---

[9] Max Weber grenzte diese moderne rational-legale Herrschaftsform bekanntlich von der traditionellen und der charismatischen Herrschaftsform ab. Im Unterschied zur legal-rationalen Herrschaftsform sind die prämodernen Herrschaftsformen personalistisch geprägt. Max Weber: Die drei reinen Typen der legitimen Herrschaft (1922), in: Ders.: Gesamtausgabe, Band 22–4, Tübingen 2005, S. 726–742.

[10] Vgl. David Easton: A Systems Analysis of Political Life, New York 1965.

Unterscheiden lässt sich zwischen etablierten patrimonialen Regimen, den Monarchien, die sich auf eine Tradition stützen können und patrimonialen Regimen, in denen eine Person patrimonial herrscht, ohne sich auf die Tradition stützen zu können. Die beiden Varianten patrimonialer Herrschaft unterscheiden sich auch in der Herrschaftsausübung.

a. Traditional legitimierte Monarchien

- Sie können sich auf eine traditionale Legitimation stützen.
- Diese Tradition bindet den Monarchen sowie seine Günstlinge und setzt der Herrschaft gewöhnlich vorhersehbare Grenzen.
- Monarchien benötigen neben einem verbreiteten Glauben an die traditionale Legitimation der Herrschaft eines Systems politischer Loyalitäten.
- Die Nachfolge ist durch die Erbfolge streng geregelt.
- Der Herrscher ist durch eine über Generationen etablierte Erbfolge ins Amt gelangt.

Die verbliebenen Monarchien konzentrieren sich weitgehend im arabischen Raum.[11] Diese sind historisch im Vergleich zu den europäischen Monarchien relativ jungen Ursprungs. So etablierten sich etwa die Sauds erst 1932 als Herrscherfamilie in Saudi-Arabien. Außerhalb des arabischen Raums finden sich nur noch im afrikanischen Swasiland und auf der kleinen Pazifikinsel Tonga Monarchen mit Regierungsmacht. Mit dem Grad der Etablierung moderner politischer Institutionen sieht es dabei in traditionalen Monarchien unterschiedlich aus. In Brunei, Oman und Saudi-Arabien regieren die Monarchen mit Dekreten und es gibt kein Parlament. In Brunei gibt es einzig einen vollständig vom Wohlwollen des Monarchen abhängigen Premierminister.

In Bahrain, Kuwait, Katar und den Vereinigten Arabischen Emiraten existiert dagegen immerhin ein Parlament mit Beratungsfunktion und – geringen – Mitspracherechten. Die Einführung eines Parlaments kann in diesen Staaten aber nicht als ein deutlicher Schritt in Richtung Demokratie angesehen werden.

---

[11] Vgl. u.a. Hartmut Fähndrich (Hg.): Vererbte Macht. Monarchien und Dynastien in der arabischen Welt, Frankfurt a.M. 2005; Henner Fürtig (Hg.): The Arab Authoritarian Regime Between Reform and Persistence, Newcastle 2007; Ellen Lust-Okar: Structuring Conflict in the Arab World. Incumbents, Opponents, and Institutions. Cambridge 2005; Marsha Pripstein Posusney/Michele Angrist Penner (Hg.): Authoritarianism in the Middle East. Regimes and Resistance, Boulder 2005; Oliver Schlumberger (Hg.): Debating Arab Authoritarianism. Dynamics and Durability in Nondemocratic Regimes, Stanford 2007.

Am Beispiel Kuwaits und Bahrains: Die Gründung von Parteien ist faktisch verboten und im Parlament von Kuwait gibt es keine Gruppierung, die sich als oppositionell ansehen würde. Der Premierminister und die wichtigsten Minister stammen in allen Staaten dieser Kategorie aus der Familie des Monarchen.

Als Erklärungsansatz für die Stabilität der Monarchien im arabischen Raum erscheint der Rentierstaatenansatz plausibel.[12] Demnach ist der Ölreichtum der entscheidende Grund, weshalb die traditional legitimierte Monarchie in dieser Region trotz steigenden Wohlstands überlebt hat. Im Unterschied zu allen anderen politischen Regimen sind die arabischen Ölmonarchen nämlich nicht auf materielle Unterstützungsleistungen der Bürger angewiesen. Das Fehlen von Steuerbelastungen kann wiederum ein verbreitetes Desinteresse der Bevölkerung an einem Regimewechsel erklären. Durch die reichlichen Einnahmen aus den natürlichen Ressourcen können sich die Herrschenden 1. einen stark ausgebauten Apparat zur Unterdrückung von Opposition und 2. die Mittel zur Speisung eines umfassenden klientelistischen Netzwerks leisten.[13] Saudi-Arabien trägt dabei neben den traditional monarchischen Zügen auch Züge einer islamistischen Theokratie und hat damit einen zusätzlichen Legitimationspfeiler. Als Nicht-Moslem kann man kein Bürger Saudi-Arabiens sein und die Ausübung anderer Religionen als dem Islam ist im Land verboten. Frauen werden mittels religiöser Begründungen in Saudi-Arabien systematisch gegenüber Männern benachteiligt.

b. Charismatisch legitimierte patrimoniale Regime

- Die Herrscher legitimieren ihren Machtanspruch durch außergewöhnliche Charakteristika ihrer Person. Solche Herrscher neigen sehr stark dazu, einen Personenkult zu inszenieren. Dies wurzelt in der mangelnden Tradition des Herrschaftsanspruchs. Dadurch sind die Herrscher gezwungen, ihren persönlichen Herrschaftsanspruch immer wieder durch hervorragende persönliche Charakteristika zu bekräftigen. Gerne geben sich die Herrschenden in ihrer Hybris blumige Titel geben. Idi Amin nannte sich etwa: "Lord of All the Beasts of the Earth and Fishes of the Seas and Conqueror of the British Empire in Africa in General and Uganda in Particular". Mobu-

---

[12] Siehe Martin Beck: Der Rentierstaats-Ansatz. Zum politikwissenschaftlichen Charme eines ökonomisch fundierten Konzepts, in: Holger Albrecht (Hg.): Weltregionen im Wandel. Politik, Wirtschaft und Gesellschaft im Vorderen Orient, Baden-Baden, S. 43–70.

[13] Vgl. Benjamin Smith: Oil Wealth and Regime Survival in the Developing World, 1960-1999, in: American Journal of Political Science, 48 (2004), S. 232–246; Jay Ulfelder: Natural-Resource Wealth and the Survival of Autocracy, in: Comparative Political Studies 40 (2007), S. 995–1018.

tu ließ sich von seinen Gefolgsleuten im Kongo als Prophet und sogar Messias beschreiben.[14]

- Es gibt keine Tradition, die den Monarchen bindet und der Herrschaft gewisse Grenzen setzt. Daher überschreitet das Maß an Willkürmaßnahmen des Herrschers gewöhnlich das in patrimonialen Monarchien anzutreffende Maß. Die nicht-traditionalen patrimonialen Autokratien spitzen das Motto der Herrschenden in patrimonialen Staaten „Der Staat bin ich" häufig zu dem Motto zu: „Der Staat gehört mir". Ein großer Teil der Staatseinkünfte fließt in die privaten Taschen eines ausgewählten Kreises von Begünstigten. Dies liegt 1. an der verbreiteten Neigung patrimonialer Herrscher, sich selbst zu bereichern; 2. an der Notwendigkeit, ein klientelistisches Netz zu speisen, um die Herrschaft zu stützen.

- Die Nachfolge ist institutionell bei Machtantritt ungeregelt, gewöhnlich wird versucht eine Erbfolge zu etablieren oder zumindest den Nachfolger persönlich zu bestimmen.[15]

Da der Glaube an „Supermännern" und „Götter auf Erden" im Zuge der Modernisierung und Rationalisierung stetig abnimmt, können charismatisch legitimierte Regime immer weniger mit freiwilliger Gefolgschaft rechnen. Selbst in noch recht schwach modernisierten Staaten gibt es immer weniger Bürger, die bereit sind, an die übermenschlichen Fähigkeiten eines Herrschers zu glauben. Die Inszenierung über Charisma ist also in der Moderne allenfalls für kurze Umbruchzeiten effektiv und kaum noch als dauerhafte Legitimationsgrundlage tauglich. Die Herrschaft muss sich wegen nur begrenzter dauerhafter Erfolge der charismatischen Legitimation der Herrschaft auf ein Patron-Klient-System zur Einbindung von Günstlingen und auf die Verbreitung von Furcht durch die waffentragenden Kräfte stützen.

Bei charismatisch legitimierten patrimonialen Regimen lässt sich mit Blick auf die Machterlangung zwischen zivilen und militärgestützten Regimen unterscheiden. In charismatisch legitimierten Zivilregimen ernennen sich die Herrscher, die zuvor etwa in Wahlen gewonnen haben, schlicht selbst zum Herrscher auf Lebenszeit oder die Herrschenden lassen sich in einer Abstimmung ohne Gegenkandidat einmalig vom Volk ihre Herrschaft auf Lebenszeit absegnen. In charismatisch legitimierten, militärgestützten Regimen gelangen die Herrscher wie etwa Idi Amin in Uganda durch einen Militärputsch ins Amt. Im Unterschied zu militärischen Notstandsdiktaturen gibt es in diesen Regimen zu

---

[14] Enculgu cited by Michael G. Schatzberg: Political Legitimacy in Middle Africa: Father, Family, Food, Bloomington 2001, S. 52.

[15] Vgl. Houchang E. Chehabi/Juan José Linz (Hg.): Sultanistic Regimes, Baltimore 1998.

keinem Zeitpunkt eine Junta aus Spitzenvertretern des Militärs. Vielmehr meldet vom Anbeginn an eine Person einen klar personalistisch begründeten Anspruch auf die Herrschaft an.

Patrimoniale Herrscher begehen in ihrer Amtszeit häufig eine ganze Reihe von Verbrechen von der Selbstbereicherung bis hin zu Morden an politischen Gegnern. Haben diese Herrscher erst einmal einiges auf dem Kerbholz, geht es ihnen nicht mehr lediglich darum, ihre politische Macht zu erhalten. Sie haben nun weit mehr zu verlieren, als etwa demokratische Politiker in Wahlen. Sie versuchen die privat angeeigneten Gelder und damit ihren Lebensstil und in letzter Konsequenz sogar ihr Überleben zu sichern. Tatsächlich haben charismatisch legitimierte Despoten ein besonders großes Risiko gewaltsam gestürzt zu werden, da außerhalb des Kreises der Begünstigten, diese Herrscher gewöhnlich ein hohes Maß an Zorn der Bürger auf sich ziehen. Daher ist auch die Gefahr besonders groß, dass sie nicht ohne Blutvergießen aus dem Amt zu jagen sind.

1972 gab es überwiegend in Afrika noch 15 patrimoniale Regime. Beispiele patrimonialer Regime sind etwa die Regime von Mobutu Sese Seko in der Demokratischen Republik Kongo, Samuel Kanyon Doe in Liberia, von Muammar al-Gaddafi in Libyen, Idi Amin in Uganda, Pahlavi im Iran oder der Duvaliers in Haiti. Die mit patrimonialen Regimen verbundenen Namen stehen sehr häufig für eine Ausplünderung des Landes und Willkürmaßnahmen. Heute gibt es nur noch drei militärgestützte patrimoniale Regime auf der Welt. Ebenso wie die patrimonialen Monarchien findet sich dieser Regimetyp nur noch im arabischen Raum, konkret in Libyen, Mauretanien und Syrien.

In Libyen hatte Gaddafi dabei keinerlei offizielles Amt und ließ sich schlicht als „Führer der Revolution" oder „Bruder Führer" bezeichnen. Trotz fehlenden Amtes konnte bis vor kurzem nie ein Zweifel daran aufkommen, wer die Macht in Libyen ausübte. Einen ideologischen Mantel um die Herrschaft sollte dabei das „Grüne Buch" Gaddafis schlagen, dass aber mehr zur Selbstinszenierung des Herrschers als zur wirklichen ideologischen Grundierung der Herrschaft diente. Inzwischen ist Gaddafis gestürzt. Die Zeit der Führer patrimonialer Regime mit ihren operettenhaften Titeln und Kostümen läuft ab!

2. Ideokratische Einparteiautokratien als moderne politische Regime

Allen modernen Regimen ist gemeinsam, dass sie eine Bürokratie, zumindest eine Partei und ein Parlament aufweisen. In rein modernen Regimen erfolgt die Legitimation von Herrschaft also nicht durch Tradition und/oder persönliche Eigenschaften eines bestimmten Herrschers. Zu unterscheiden ist bei den modernen Regimen zwischen solchen, die sich durch einen offenen Wettbewerb zwischen politischen Parteien legitimieren und solchen, in denen die Herrschaft durch gemeinsame Ziele von Regierenden und Regierten begründet wird.

Bei den modernen Regimen, die sich einzig mittels der Identitätstheorie der Demokratie legitimieren, handelt es sich um ideokratische Einparteiautokratien. Sie zeichnen sich durch folgende Merkmale aus:

- Sie begründen die Herrschaft rational-legal durch ein ideologisches Gedankensystem. Die Herrschaftslegitimation ideokratischer Einparteiautokratien wurzelt dabei in der Ausrichtung auf ein ideologisch definiertes Herrschaftsziel und der Partizipation der Bürger. Der demokratische Anspruch beruht auf einer Anknüpfung an die Identitätstheorie der Demokratie.[16] Die ideologischen Ziele und die konkrete Politik werden als gemeinsames Interesse der Regierenden und Regierten definiert. Gerade der Glaube, dass allgemeine Wohl erkannt zu haben, führte ideokratische Spielarten immer wieder zu Genoziden und massenhaften Menschenrechtsverletzungen.

- Ideokratien sind eine stark institutionalisierte Herrschaftsform mit einem stark ausgebauten Staats- und Parteiapparat. Im Sinne Max Webers sind Ideokratien eine Form der legal-rationalen Herrschaft.

- Einparteiautokratien halten nicht-kompetitive Wahlen ab. Bereits durch die Existenz einer Staatspartei, die herrscht, gibt es eine Institution, in der die Bürger partizipieren. Die Möglichkeit der Beteiligung ist keineswegs bedeutungslos und die Staatspartei ist – gerade in der Etablierungsphase – durchaus ein sehr wirksames Organ, um einen bedeutenden Teil der Bürger einzubinden. Die Partizipation ist aber beschränkt und vor allem von oben gelenkt. An der Politik beteiligen kann sich in Einparteiautokratien nur, wer sich mit dem Regime im Kern für einverstanden erklärt. Die Partizipation wird zudem in Einparteiautokratien in der Regel dadurch ad absurdum geführt, dass es den Bürgern sogar unmöglich gemacht wird, den Herrschenden bei den nicht-kompetitiven Wahlen mit einem schlichten Nein ihre Ablehnung kundzutun.

- Die verkündete Interessenidentität zwischen Regierenden und Regierten schließt einen Wettbewerb zwischen politischen Alternativen aus.[17] Mit der Regierungspartei konkurrierende Parteien sind verboten oder Opposi-

---

[16] Vgl. Jacob L. Talmon: Die Ursprünge der totalitären Demokratie, Köln/Opladen 1961.

[17] Damit wird keineswegs verneint, dass es innerhalb der Machtorgane der Einparteiautokratien wie etwa im nationalsozialistischen Deutschland ein Kompetenzgerangel geben kann. Es gibt aber keinen Wettbewerb zwischen alternativen politischen Kursen.

tionspolitikern wird zumindest die Teilnahme an Wahlen verwehrt. In den Verfassungen der kommunistischen Staaten war etwa stets das Führungsmonopol der kommunistischen Partei verankert. Es konnte lediglich Blockparteien wie in der DDR geben, aber keine nicht-kommunistische, von den Herrschenden unabhängige Partei.

- Ideokratien haben von allen Regimeformen die stärkste Neigung zur Politisierung der Bevölkerung. Bei Abstimmungen streben Ideokratien eine Mobilisierung von 100 Prozent der Wahlberechtigten an, obgleich ihre Machterhaltung nicht von dem Wahlergebnis abhängt. Dies liegt an der Orientierung an der Identitätstheorie der Demokratie. Durch das Abstimmungsergebnis soll die Identität von Herrschenden und Beherrschten zum Ausdruck kommen. Nicht nur jede Gegenstimme, sondern bereits jede Enthaltung oder Nichtstimmabgabe, stellt diese Legitimationsgrundlage in Frage. Weiterhin wird eine politische Durchdringung der Gesellschaft angestrebt. So wurden etwa in Kuba durch ein ausdifferenziertes System von kommunistischen Zellen am Arbeitsplatz und in den Nachbarschaften Demonstrationen auf dem Platz der Revolution mit mehr als einer Million Teilnehmern organisiert. Ein nicht-staatlicher, privater Raum wird letztlich nicht akzeptiert. Eine „Freizeit" der Bürger vom Staat gibt es nicht.[18]

Beispiele für Ideokratien sind die kommunistischen Regime und rechtsextremistische, faschistische und nationalsozialistische Regime. Weiterhin sind Theokratien als eine Variante der Ideokratien anzusehen. In der Gegenwart sind ideokratische Einparteiautokratien nur noch in China, Kuba, Laos und Vietnam zu finden. China setzt dabei längst auf einen merkantilistischen und nicht mehr kommunistischen Kurs. In dieser Hinsicht ähnelt China Staaten mit einer eher pragmatisch orientierten dominanten Partei wie Singapur und Russland, die eine Entwicklung von Freiheitsrechten der Entwicklung der Wirtschaft unterordnen.

Kuba folgt noch weit eher dem traditionell sozialistischen Weg. Die Topfunktionäre haben alle das Renteneintrittsalter längst überschritten und Nachwuchs ist nicht in Sicht. Die Misere verdeutlicht, dass der bereits über 70jährige Raúl Castro 2008 seinem Bruder Fidel als Präsident folgte. Der wirtschaftliche Niedergang hat zudem die Fähigkeit des kubanischen Regimes ausgehöhlt, den Bürger mittels der Beschäftigung im Staatssektor eine halbwegs sichere Existenz zu gewährleisten. Eine neue Welle der Ideokratien ist nicht in Sicht, auch nicht die – vielbeschworene – Welle islamistischer Regime in der arabischen Welt.

---

[18] Vgl. Carl Joachim Friedrich: Totalitäre Diktatur, unter Mitarbeit von Zbigniew K. Brzezinski, Stuttgart 1957; Eckhard Jesse (Hg.): Totalitarismus im 20. Jahrhundert: Eine Bilanz der internationalen Forschung, Baden-Baden 1999.

3. Regime im Grenzbereich zwischen Tradition und Modernität

a. Konstitutionelle Monarchien

Monarchien können sich von einer allein traditionalistischen Legitimation lösen und modernisieren. Konstitutionelle Monarchien zeichnen sich dabei durch folgende Merkmale aus:

- Der Monarch beruft sich auf eine traditionale Legitimation. Er hat die Regierungsgewalt und ist nicht absetzbar.
- Die Herrschaft wird innerhalb geregelter Grenzen ausgeübt. Es gibt ein gewisses Maß an Freiheitsrechten.
- Es gibt eine halbwegs moderne Bürokratie. Weiterhin gibt es ein Parlament und Parteien.
- Die Parlamentswahlen und die Parteien ermöglichen ein eingeschränktes Maß an Partizipation und Kompetivität.

Als semimoderne Monarchien lassen sich in der Gegenwart im arabischen Raum die Regime Jordaniens und Marokkos einstufen. Historisch gehört in die Kategorie auch die konstitutionelle Monarchie des deutschen Kaiserreichs zwischen 1871 und 1918. Den Sonderfall einer liberalen und rational-legalen, aber eindeutig nicht-partizipativen Monarchie stellt Monaco dar.

b. Neopatrimoniale Einparteiautokratien

In die Grauzone zwischen traditionalen und modernen Regimen gehören auch die neopatrimonialen Einparteiautokratien.[19]

Sie zeichnen sich durch folgende Merkmale aus:

- Ihre Herrschaftslegitimation wurzelt teils in einer personalistischen Legitimation über spezifische Charakteristika des Herrschenden, teils in einer Anknüpfung an die Identitätstheorie der Demokratie.

---

[19] Zur Abgrenzung von traditionalem Patrimonialismus und Neopatrimonialismus, bei dem sich informale patrimoniale mit formalen rational-legalen Strukturen vermengen vgl. Samuel Noah Eisenstadt: Traditional Patrimonialism and Modern Neopatrimonialism, Beverly Hills 1973. Am Beispiel der Regime des Nahen Ostens: Peter Pawelka: Der Staat im Vorderen Orient: Über die Demokratie-Resistenz in einer globalisierten Welt, in: Leviathan 30 (2002), S. 431-454

- Neopatrimoniale Einparteiautokratien verfügen über moderne Herrschaftsinstitutionen wie eine Herrschaftspartei und ein Parlament. Der Kristallisationspunkt des Herrschaftssystems neopatrimonialer Einparteiautokratien ist im Unterschied zu Ideokratien eine Günstlingswirtschaft. Die formalen Institutionen sind stark von personalistischen Netzwerken durchdrungen. Korruption spielt eine wesentliche Rolle und die Herrschaft des Rechts gilt nur eingeschränkt.
- Im Unterschied zu rein patrimonialen Autokratien hat das Volk in den neopatrimonialen Einparteiautokratien Partizipationsmöglichkeiten, die allerdings stark eingeschränkt sind. Opposition ist nicht erlaubt.[20]

Rein neopatrimoniale Einparteiautokratien waren 1972 noch in zahlreichen Ländern zu finden. Verbreitet war der Regimetyp vor allem in Afrika. Im Jahr 2011 fielen in diese Kategorie nur noch Eritrea (Herrschaft der „Popular Front for Democracy and Justice" und Usbekistan (Herrschaft der „People's Democratic Party" unter Islam Karimov). Einige Regime sind weder der Kategorie der neopatrimonialen Einparteiautokratien noch der Kategorie der ideokratischen Einparteiautokratien zuzuordnen. So verbindet etwa das Regime Nordkoreas Züge einer neopatrimonialen und ideokratischen Einparteiautokratie.

Zum Teil zeigen gerade die totalitären Ideokratien starke personalistische Elemente. Gerade der sowjetische Stalinismus oder der chinesische Maoismus zeichnen sich dadurch aus, dass in ihnen noch starke prämoderne Elemente einer personalistischen Despotie enthalten waren. Allerdings fühlen sich dabei in den faschistischen und nationalsozialistischen Regimen sowie in Stalinismus und Maoismus die herrschenden Personen in erster Linie als Verkörperung einer Idee. In Staaten wie Libyen oder Turkmenistan dienen die vagen Ideologien der Herrscher dagegen nur als Mittel, um den Personenkult um den Herrscher anzufachen.

c. Militärdiktaturen

- Militärdiktaturen legitimieren sich nach innen und außen immer in der einen oder anderen Weise dadurch, dass sie die Macht ergreifen, um eine akute politische und/oder wirtschaftliche und/oder oder soziale Krise zu überwinden. Die Legitimation der Herrschaft erfolgt also weder über Tradition noch über Charisma der Beteiligten. Semimodern ist diese Herr-

---

[20] Vgl. zu einfachen und ideokratischen Einparteiautokratien: Samuel Phillips Huntington/Clement Henry Moore (Hg.): Authoritarian Politics in Modern Society: The Dynamics of Established One-Party Systems, New York 1970

schaftsform, da die Herrschaft rational begründet wird, vorherige Normen und Regeln aber gewaltsam außer Kraft gesetzt werden.

- Die Herrschaft ist bis zu einem gewissen Grad institutionalisiert. Eine Gruppe hochrangiger Militärs, die Junta, regiert den Staat. Im Unterschied zu patrimonialen Regimen erfolgt die Besetzung zentraler Ämter in der staatlichen Bürokratie über Leistungen. In militärgestützten patrimonialen Regimen ist das Militär dagegen nur das Instrument eines personalistischen Herrschers und die Bürokratie schwach ausgeprägt. Militärische Notstandsdiktaturen entsprechen also im Kern weder einer partizipativen, rational-legalen Herrschaft noch einer nicht-partizipativen traditionalistischen oder charismatischen Herrschaft. Gerade in der Form des militärisch-bürokratischen Autoritarismus, der etwa in Argentinien, Chile und Uruguay zu finden war, vermengten sich vielmehr Elemente rational-legaler Herrschaft mit einer nicht-partizipativen Herrschaft.

- Es findet weiterhin kein Wettbewerb zwischen politischen Alternativen statt. So bald in einer Militärdiktatur Plebiszite oder semi-kompetitive Wahlen abgehalten werden, wechselt sie von dem reinen Typ einer militärischen Notstandsdiktatur in eine Mischkategorie zwischen einer Militärdiktatur und einer ideokratischen Einparteiautokratie wie Spanien unter Francisco Franco oder Portugal unter António de Oliveira Salazar. So trug vor allem der „Estado Novo" Salazars Züge einer klerikal-faschistischen Autokratie. Sowohl Franco als auch Salazar setzten allerdings eher auf eine autoritäre Ruhigstellung als eine totalitäre Mobilisierung der Bevölkerung.

- Militärische Notstandsdiktaturen haben keine institutionalisierte Nachfolgeregelung, da sie nicht auf Dauer angelegt sind.

Beispiele sind etwa die mehrmaligen Militärregierungen in der Türkei. In der Gegenwart finden sich Militärdiktaturen auf Fidschi[21] und in Myanmar. Die gegenwärtige Militärjunta in Myanmar (geführt von General Than Shwe) hat bereits 1988 die Macht übernommen. Es dürfte kaum ein Regime mit weniger Gefolgschaft im Land geben. Nachdem 1990 die Partei der Armee bei den Wahlen eine vernichtende Niederlage gegen die oppositionelle „Nationale Liga für Demokratie" erlitt (trotz Manipulationen und Zensur errang die Opposition 392 von 485 Sitzen), setzten die Militärmachthaber nahezu ausschließlich auf Repression, um an der Macht zu bleiben. Alle Regierungsposten und zentralen Wirtschaftspositionen werden in Myanmar von hochrangigen aktiven oder pensionierten Militärs ausgeübt. Im 20. Jahrhundert hatten Militärautokratien

---

[21] Die Junta auf Fidschi setzt derzeit nicht auf eine dauerhafte Form der Legitimation, sondern behauptet im September 2013 den Weg für Wahlen freizugeben.

vor allem in Lateinamerika eine große Bedeutung. In einer Reihe lateinamerikanischer Staaten hängt dabei bis heute der Schatten einer drohenden Militärherrschaft über der Politik, andere konnten wie Argentinien die Vetomacht des Militärs brechen.

Militärische Notstandsdiktaturen sind von ihrer Anlage her eine zerbrechliche Form der Herrschaft und daher die am wenigsten dauerhafte Autokratieform.[22] Das liegt vor allem daran, dass sie sich durch das Versprechen legitimieren, eine tiefe Krise zu überwinden. Für das Militär gibt es nun zwei Möglichkeiten nach der Machtübernahme: Erstens kann das Militär die Krise meistern. Durch seinen Erfolg kann es damit rechnen, dass es auch in zukünftigen Krisensituationen einen Herrschaftsanspruch anmelden kann. Nach dem Meistern der Krise entfällt allerdings die Legitimationsgrundlage. Entweder wird nun ohne Legitimationsgrundlage weiter geherrscht, es wird eine andere Legitimationsgrundlage partizipativer Natur gesucht oder die Macht wird an Zivilisten zurückgegeben. Dem Militär verbleibt dann im folgenden Zivilregime eine politische Vetomacht und es kann bei der nächsten tiefen Krise wieder die Macht ergreifen (wie z. B. in der Türkei).

Bei der zweiten Möglichkeit gelingt es dem Militär nicht, die Krise zu bezwingen. Innerhalb relativ kurzer Zeit schwindet dann aufgrund des Misserfolgs die Legitimationsgrundlage. Das Militär kann sich dann allenfalls noch mit Gewalt an der Macht halten. Zusätzlich wird für künftige Krisenzeiten infrage gestellt, dass das Militär als Überwinder einer Krise geeignet ist. Bei einer solchen Konstellation verliert idealtypisch das Militär im folgenden Zivilregime seine politische Vetomacht. Das gilt besonders im Falle eines Versagens bei der Bekämpfung innenpolitischer Gewalt oder einer verheerenden Niederlage in einem außenpolitischen Konflikt (z.B. Argentinien im Falklandkrieg gegen Großbritannien).
Eine Mischform zwischen Militärdiktaturen und neopatrimonialen Einparteiautokratien sind Staaten, in denen 1. ein Militär regiert; 2. es eine Staatspartei und 3. nicht-kompetitive Wahlen gibt. Die Staatspartei und das Parlament sollen für eine dauerhafte Legitimation der herrschenden Militärs sorgen. Im Unterschied zu reinen Militärdiktaturen haben diese Regime mit dem Parlament ein Forum, innerhalb dessen Konflikte zwischen Teilen der Elite ausgetragen werden können. Diese Regime entschärfen durch die Einführung einer Staatspartei und nicht-kompetitive Wahlen das grundlegende Problem der fehlenden Nachfolgeregelung von reinen Militärdiktaturen. Beispiele für diese Regimeform sind

---

[22] Vgl. Eric A. Nordlinger: Soldiers in Politics: Military Coups and Governments, Englewood Cliffs 1977. Vgl. dazu auch die Ergebnisse folgender Studien: Barbara Geddes: What Do We Know about Democratization after Twenty Years?, in: Annual Review of Political Science 2 (1999), S. 115-144; Axel Hadenius/Jan Teorell: Pathways from Authoritarianism, in: Journal of Democracy 18 (2007), S. 143-156.

etwa Chile unter Augusto Pinochet und Indonesien unter Haji Mohamed Suharto.

d. Neopatrimoniale Mehrparteienregime

Neopatrimoniale und bürokratische Mehrparteienregime zeichnen sich durch folgende Merkmale aus:[23]

- Sie legitimieren sich durch eine Mischung aus einer Pluralismus- und Identitätstheorie der Demokratie. Sie haben zudem häufig noch eine starke personalistische Legitimationskomponente („starker Führer" der Exekutive). Es handelt sich um überwiegend moderne rational-legale Regime mit gewichtigen prämodernen patrimonialen Einsprengseln. Vergleichsweise am geringsten ist die Bedeutung des Neopatrimonialismus noch in Mehrparteienregimen wie Singapur oder Russland, die als bürokratischer Autoritarismus klassifiziert werden können.

- Es gibt in hybriden und autokratischen Mehrparteienregimen Partizipation und einen – eingeschränkten – politischen Wettbewerb. Durch die Einschränkung der Freiheitsrechte und eine Lenkung der Medien sind Wahlen in hybriden Mehrparteienregimen und Mehrparteienautokratien allenfalls semikompetitiv.[24] Abweichende Meinungen werden nicht verboten. Sie gelten aber als nicht der Norm entsprechend. Die Nicht-Herrschaftsparteien sind in hybriden und autokratischen Mehrparteienregimen keineswegs nur Instrumente der Herrschenden und damit bloße Schaufensterdekoration, sondern eigenständige – wenn auch in ihrem Handlungsspielraum beschränkte – Akteure.[25] In hybriden Mehrparteienregimen und Mehrparteienautokratien gibt es im Unterschied zu Einparteiautokratien Parteien, die ernsthaft mit der Regierungspartei um die politische Macht konkurrieren. Autokratische und hybride Mehrparteienre-

---

[23] Vgl. zu diesem Herrschaftstypus: Gero Erdmann/Ulf Engel: Neopatrimonialism Revisited – Beyond a Catch-All Concept. (GIGA Working Papers), Hamburg 2006.

[24] Siehe dazu Jennifer Gandhi: Political Institutions under Dictatorship, Cambridge 2008; Jennifer Gandhi/Ellen Lust-Okar: Elections Under Authoritarianism, in: Annual Review of Political Science 12 (2009), S. 403–422; Staffan I. Lindberg: The Surprising Significance of African Elections, in: Journal of Democracy 17 (2006), S. 139–151.

[25] In der internationalen Politikwissenschaft fanden für die autokratischen und hybriden Mehrparteienregime im letzten Jahrzehnt die Begriffe „elektoraler Autoritarismus" (Autokratietyp) und „kompetitiver Autoritarismus" (hybrider Regimetyp) Verbreitung. Vgl. Steven Levitsky/Lucan Way: Competitive Authoritarianism: Hybrid Regimes after the Cold War, New York 2010; Andreas Schedler (Hg.): Electoral Authoritarianism. The Dynamics of Unfree Competition, Boulder/London 2006

gime zeichnen sich häufig durch Manipulationen im Vorfeld und bei den Wahlen aus, die dazu führen, dass die Macht der Herrschenden nicht gefährdet wird.[26]

- Bei Wahlen in autokratischen Mehrparteienregimen ist ausgeschlossen, dass die Herrschenden einzig aufgrund des Wahlausgangs die Bühne räumen. Autokratische Mehrparteienregime sind Regime, in denen die Herrschenden Wahlen unabhängig von den Stimmpräferenzen der Bürger grundsätzlich nicht verlieren. In hybriden Mehrparteienregimen manipulieren die Herrschenden die Wahlen über eine Benachteiligung der Opposition. Sie sind aber in der Regel bereit sich geschlagen zu geben, wenn die Opposition trotz aller Benachteiligung die Wahlen gewinnt.

- Hinsichtlich der Gewährung von Freiheitsrechten und der Machtkonzentration der Herrschenden siedeln hybride und autokratische Mehrparteienregime zwischen demokratischen Verfassungsstaaten und anderen Formen der Autokratie. Überwiegend werden dabei wie in Singapur und Russland die eingeschränkten Freiheitsrechte und die hohe Machtkonzentration bei den Regierenden nicht als Demokratiedefekt empfunden. Es wird vielmehr ein Demokratiekonzept zugrunde gelegt, das eine umfangreiche Verwirklichung der Freiheitsrechte und eine Machtstreuung nicht vorsieht. Aufgrund der Einschränkungen der Freiheitsrechte und der Machtkonzentration garantieren diese Regime bereits durch ihre Anlage keinen wirklich freien und fairen Wettbewerb zwischen den politischen Kräften.

- Typisch ist für diese Regime eine im Vergleich zu liberalen Demokratien ausgesprochen starke Exekutivlastigkeit der Politik und eine allenfalls schwach ausgeprägte Kontrolle der Exekutive durch Parlamente und Gerichte. Überwiegend sind die Regime formal präsidentiell oder semipräsidentiell organisiert.

- Die Regierungsnachfolge erfolgt durch regelmäßige Wahlen.

- Die Machthaber sind durch semikompetitive Wahlen ins Amt gelangt.

---

[26] Vgl. Beatriz Magaloni: Elections Under Autocracy and the Strategic Game of Fraud (2007), http://www.stanford.edu/~magaloni/electionsunderautocracy.pdf (Stand: 18.02.2011); Andreas Schedler: The Menu of Manipulation, in: Journal of Democracy 13 (2002), S. 36-50; Frederic Charles Schaffer (Hg.): Elections for Sale: The Causes and Consequences of Vote Buying, Boulder, Colo. 2007.

III. Zusammenfassung

Im Unterschied zur Kategorie der liberalen Demokratie ist Autokratie nur ein sehr vager Oberbegriff für verschiedene Herrschaftssysteme mit grundlegend verschiedener Funktionslogik. Die Varianten der Autokratie sind so verschieden, dass es ein Fehler wäre, die Unterscheidung in verschiedene Autokratieformen lediglich als eine Binnendifferenzierung innerhalb einer Regimeform wie etwa die Klassifikation in parlamentarische und präsidentielle Demokratien anzusehen. Die verschiedenen Formen der Autokratie unterscheiden sich untereinander zum Teil ebenso stark wie sich jede Form der Autokratie von einer liberalkonstitutionellen Demokratie unterscheidet.[27] Einparteiautokratien sind partizipativer, in dieser Hinsicht also moderner, als absolutistische Monarchien oder Militärautokratien, sie sind aber weniger modern als Mehrparteienautokratien.

Wie steht es um die Verbreitung der Varianten der Autokratie? Im Schatten der Aufmerksamkeit für die Ausbreitung der liberalen Demokratien gerieten die sonstigen Verschiebungen unter den politischen Regimeformen der letzten Jahrzehnte etwas in Vergessenheit. Die Militärautokratien und die Einparteiautokratien machten 1972 noch jeweils fast ein Viertel aller politischen Regime aus. Beide Herrschaftsformen waren kaum weniger verbreitet als liberale Demokratien. Deutlich geringer fielen dagegen die Anteile der Mehrparteiendiktaturen und der Monarchien aus. Heute sind nur noch China, Kuba, Laos und Nordkorea im weiten Sinne als ideokratische Einparteiautokratien anzusehen. Zu beachten ist auch die erhebliche Relativierung der ideologischen Grundlage der Herrschaft in den verbliebenen Ideokratien. Wer die Politik der KP Chinas noch kommunistisch nennt, überdehnt den Begriff.

Während der Niedergang der Ideokratien stark beachtet wurde, fegte es den in den 1970er Jahren noch häufigeren Typ der neopatrimonialen Einparteiautokratie mit weit weniger öffentlichem Interesse vom Erdball. Diese Regime sind nahezu überall in neopatrimoniale Mehrparteienregime übergegangen. Auch der Anteil der Militärdiktaturen ist zwischen 1972 und 2011 stark zurückgegangen. Es gibt nur noch recht wenige militärische Machtübernahmen und in der Regel muss das Militär wie in Honduras die Macht sehr bald wieder an Zivilisten zurückgeben. Im Unterschied zu den Machtübernahmen durch Militärs in den 1970er Jahren in Lateinamerika dürften Militärs kaum noch versuchen, militärische Notstandsregime wie Chile in Pinochet oder Suharto in Indonesien in dauerhafte militärgestützte Parteidiktaturen oder gar in patrimoniale Regime zu überführen. Der schon 1972 vergleichsweise geringe Anteil der traditionellen

---

[27] So auch Barbara Geddes: What Do We Know about Democratization after Twenty Years?, in: Annual Review of Political Science 2 (1999), S. 115-144

Monarchien an allen Regimen ist weiter gesunken. Steil angestiegen ist dagegen neben dem Anteil der liberalen Demokratien der Anteil der hybriden und autokratischen Mehrparteienregime. Unter den Autokratien handelt es sich inzwischen um den mit großem Abstand häufigsten Typ. Große Teile der Welt von vielen afrikanischen Staaten über Russland bis hin zu Kolumbien und Venezuela fallen in diese Kategorie. Mit der Ausnahme des Iran haben alle eine neopatrimoniale und/oder bürokratische Legitimationskomponente. Der Iran ist der Pionierfall eines ideokratischen Mehrparteienregimes. Wettbewerb lässt dieses Regime nur innerhalb der ideokratisch definierten Grenzen zu.[28] Weiterhin liegt die wesentliche Macht im Iran bei dem durch die „Versammlung der Experten" auf Lebenszeit gewählten „Obersten Führer", Ayatollah Ali Khamenei, nicht bei den vom Volk gewählten Präsidenten und dem Parlament.

Wenn von wirtschaftlich und politisch erfolgreichen Autokratien – und diese sind die Ausnahme, nicht die Regel! – die Rede ist, dann handelt es sich um rational-legal agierende bürokratische Autoritarismen, die sich als Modernisierungsdiktaturen verstehen, wie in Singapur, Russland oder auch China. Die Welle, die gegenwärtig patrimoniale und neopatrimoniale Herrscher im arabischen Raum hinwegfegt, die sich über Jahrzehnte an der Macht hielten, bedeutet nicht zwangsläufig, dass nun stabile Demokratien im arabischen Raum Wurzeln schlagen können. Wichtige Schritte in Richtung mehr politischer Beteiligung, von mehr Freiheitsrechten und mehr Wettbewerb werden erfolgen. Personalistische Netzwerke werden aber die Demokratisierung in Staaten wie Ägypten, Libyen und Tunesien überdauern und unterhöhlen. Wahrscheinlich ist daher, dass mittelfristig in der Region zunächst nur hybride und autokratische Mehrparteienregime Wurzeln schlagen können.

---

[28] Vgl. zu diesem höchst interessanten Fall: Wilfried Buchta: Who Rules Iran? The Structure of Power in the Islamic Republic, Washington 2001; Houchang E. Chehabi: Das politische Regime der Islamischen Republik Iran. Eine vergleichende Studie, in: Raimund Krämer (Hg.): Autoritäre Systeme im Vergleich, Potsdam 2005, S. 123-140.

Eckhard Jesse / Tom Thieme

Politischer Extremismus in Deutschland und Europa

I. Einleitung

Der politische Extremismus stellt eine Herausforderung für den demokratischen Verfassungsstaat dar. Er ist dessen Widerpart. Extremistische Positionen lehnen den demokratischen Verfassungsstaat ab. Dieser hat sich vor politischem Extremismus zu schützen - sei es durch Aufklärung und politische Bildung, sei es gegebenenfalls durch staatliche Maßnahmen. Extremisten sind wie die Enden eines Hufeisens – einander benachbart und entfernt zugleich, wie die vergleichende Extremismusforschung zu zeigen versteht.[1] Der Begriff hat eine lange historische Tradition.[2] Generell wird zwischen Extremismus sowie Fundamentalismus unterschieden. Unter Linksextremismus ist eine Variante des Extremismus gemeint, die das Gleichheitsprinzip in der Theorie verabsolutiert und alle gesellschaftlichen Übel auf die kapitalistische „Klassengesellschaft" (Kommunismus) zurückführt oder die generell jede Form von Herrschaft ablehnt (Anarchismus). Mit Rechtsextremismus sind jene Strömungen gemeint, die strikt antiegalitär sind, auf Rassismus und/oder Nationalismus basieren. Der religiös geprägte Fundamentalismus gilt – jenseits von Links- und Rechtsextremismus - als eigenständige Form des Extremismus. Geistliche und weltliche Herrschaft soll in einem „Gottesstaat" zusammenfallen. Die bekannteste Form des Fundamentalismus ist der Islamismus. Geht es bei der Diktaturforschung um antidemokratische Staaten, so untersucht die Extremismusforschung antidemokratische Strömungen in einem demokratischen Verfassungsstaat.[3]

Politische Extremismen variieren nicht nur in ihrer Form und Ausrichtung, sondern auch und vor allem in ihrem Intensitätsgrad. 1978 hatte der hispanoamerikanische Politikwissenschaftler Juan J. Linz (Oppositions-)Parteien nach ihrer Einstellung zum demokratischen System in loyale, semiloyale und disloya-

---

[1] Vgl. Uwe Backes/Eckhard Jesse: Vergleichende Extremismusforschung, Baden-Baden 2005.

[2] Vgl. Uwe Backes: Politische Extreme. Eine Wort- und Begriffsgeschichte von der Antike bis zur Gegenwart, Göttingen 2006.

[3] Vgl. gut zusammenfassend Armin Pfahl-Traughber: Gemeinsamkeiten im Denken der Feinde einer offenen Gesellschaft. Strukturmerkmale extremistischer Ideologien, in: Martin H. W. Möllers/Robert Chr. Van Ooyen (Hg.): Politischer Extremismus 1. Formen und aktuelle Entwicklungen, Frankfurt a.M. 2007, S. 15-35.

le Kräfte eingeteilt.[4] Die parallel gewachsene Relevanz einer international vergleichenden Erforschung des Extremismus verstärkt die Notwendigkeit einer systematischen und kriterienorientierten Beschäftigung mit dem Maß antidemokratischer Intensität. Diese Aufgabe wird zusätzlich erschwert, da in den meisten Staaten unterschiedlich (verfassungstheoretisch) geregelt und (politisch kulturell) wahrgenommen wird, was überhaupt als extremistisch bzw. demokratisch zu gelten hat. Bei der Differenzierung extremistischer Intensität geht es nicht darum, einen weichen Linksextremismus von einem harten Rechtsextremismus (und von einem unter Umständen noch härterem religiösen Fundamentalismus) abzugrenzen, wie dies die gängige Begriffsbildung „rechtsextrem" versus „linksradikal" suggeriert. Unterschiede kann es sowohl innerhalb der einzelnen Strömungen als auch aus vergleichender Perspektive geben.

Um den Intensitätsgrad von politischem Extremismus zu untersuchen, ist weiterhin die Differenzierung der Organisationsformen notwendig. Kriterien für die Unterscheidung so genannter harter und weicher extremistischer Parteien können beispielsweise nicht in gleichem Maße für den subkulturellen Extremismus angewandt werden. Hier kommt dem Element der Gewalt oder der Gewaltbejahung eine unterscheidende Relevanz zu. Da extremistische Parteien in der Regel nicht zu gewalttätigen Mitteln greifen und diese (zumindest offiziell) auch nicht für legitim erachten, führte die grundlegende Unterscheidung in gewaltbereit-harte und gewaltlos-weiche Extremismen zwangsläufig zu einer Verwässerung des Extremismusbegriffs. Bei den meisten antidemokratischen Parteien würde es sich dann um weiche Extremismusvarianten handeln. Eine sinnvolle Differenzierung extremistischer Intensität wäre damit nicht verbunden. Für die Bemessung des extremistischen Intensitätsgrades gilt es einerseits unterschiedliche Erscheinungen (parteiförmigen und nichtparteiförmigen Extremismus) zu berücksichtigen, andererseits darf eine beliebige Subtypenbildung nicht zur Zerfaserung des Extremismuskonstruktes führen. Je nachdem, ob Parteien oder subkulturelle Strömungen untersucht werden, sind daher verschiedenartige Kriterien für die Merkmale Ideologie, Organisation, Strategie und Aktionismus anwendbar. Intellektuelle Extremismusvarianten, die in diesem Aufsatz ausgeblendet bleiben, verlangen wiederum nach anderen Indikatoren.

- *Ideologie:* Eine weltanschauliche Utopie der angestrebten Gesellschaftsform stellt den Kern antidemokratischen Denkens dar. Das gilt für Partei-

---

[4] Vgl. Juan J. Linz: The Breakdown of Democratic Regimes: Crisis, Breakdown and Reequilibration, Baltimore 1978.

en wie für lose Verbindungen. Harte Extremismen lehnen den demokratischen Verfassungsstaat in toto ab und streben (mehr oder weniger offen) eine Diktatur an. Weiche Extremismen richten sich nur gegen bestimmte Bereiche demokratischer Verfasstheit, beispielsweise bürgerliche Freiheits- und Gleichheitsrechte. Sie laufen damit auf eine Abschwächung der Elemente des demokratischen Verfassungsstaates hinaus. Der zweite Aspekt betrifft die Frage, ob den jeweiligen Gesellschaftsvorstellungen überhaupt eine konsistente (Groß-)Ideologie zugrunde liegt (hart), oder ob nur einzelne Ideologieelemente aus den historisch gewachsenen Weltanschauungen von Nationalismus, Kommunismus und Klerikalismus übernommen werden (weich). Vor dem Hintergrund einer europaweit breit verankerten gesellschaftlichen Ablehnung des Nationalsozialismus und der Delegitimierung des Kommunismus seit 1989/90 ist eine graduelle Deideologisierung (nicht nur, aber vor allem) extremistischer Parteien zu beobachten, die dem klassischen Extremismusbild nur bedingt entspricht. Wer auf einschlägige Großideologien setzt, ist in den meisten europäischen Gesellschaften isoliert.

- *Strategie:* Vor allem strategisch unterscheiden sich extremistische Parteien von nicht-parteiförmigen Strukturen extremistischer Couleur. Die Klassifizierung antidemokratischer Parteien wird dadurch erschwert, dass sie – teils aus Angst vor staatlichen Restriktionen, teils aus Pragmatismus bzw. Populismus – ihre Position verschleiern. Weiche extremistische Parteien halten sich formal an die demokratischen Prinzipien. Harte Extremismen zielen dagegen (mehr oder weniger offen) auf den „Systemwechsel" ab und instrumentalisieren die Demokratie. Sie geraten dadurch offensichtlich in den Konflikt mit der demokratischen Rechtsordnung, und sie kooperieren teilweise mit ihnen nahestehenden militanten oder gar gewaltbereiten Kräften, gehen jedenfalls nicht auf unzweideutige Distanz. Extremistische Parteien nutzen solche Szenen häufig als Basis, Unterstützung und Rückzugsraum ihrer außerparlamentarischen Aktivitäten. Während beim weichen parteiförmigen Extremismus eine klare Distanzierung von militanten oder gewalttätigen Gruppen vorliegen muss, fehlt es den harten Extremismusformationen daran; sie suchen bisweilen sogar die Zusammenarbeit. Für harte und weiche Extremismusvarianten innerhalb des subkulturellen Extremismus lässt sich die Frage des Pluralismusverständnisses umgekehrt anwenden. Gibt es Kooperationen mit demokratischen Parteien und gesellschaftlichen Interessensgruppen, handelt es sich um weichen Extremismus. Wird jede Zusammenarbeit prinzipiell abgelehnt, gilt das als Indikator einer harten Extremismusvariante.

- *Organisation:* Auch organisatorisch ist eine Unterscheidung extremistischer Parteien und nicht-parteiförmiger extremistischer Organisationsformen sinnvoll. Zum einen deshalb, weil in Parteien häufig unterschiedliche (auch demokratische) Strömungen beheimatet sind. Sie versuchen, ein möglichst breites Spektrum potentieller Sympathisanten zu erreichen und damit den eigenen politischen Einfluss zu steigern. Als Kriterium ist daher zum einen zu fragen, ob die antidemokratische Richtung innerhalb der jeweiligen Organisation eine Mehrheits- (harter Extremismus) oder Minderheitenposition (weicher Extremismus) darstellt. Zum anderen spielen die internen Machtverhältnisse eine Rolle. Die Spitzen einer Partei können gemäßigter auftreten als ihre aufbegehrenden Flügel, oder – umgekehrt – eine radikale Führungsgruppe kann von eher moderaten Pragmatikern umgeben sein. Die innerparteilichen Faktionen sind mitentscheidend für die Zuordnungen als harte oder weiche extremistische Parteien. Für subkulturelle Kräfte gilt die Differenzierung interner Größen- und Kräfteverhältnisse nicht in gleichem Maße. Vielmehr ist eine starke Zentralisierung und Homogenisierung der inneren Ordnung zu erwarten. Daher stellt sich die Frage nach der Effizienz und Schlagkräftigkeit solcher Gruppen. Hochgradig militarisierte und straff organisierte Bewegungen gelten als Repräsentanten eines harten Extremismus, lose bzw. schwach organisierte Verbindungen als solche eines weichen.

Tabelle 1:
Kriterien für harten und weichen Extremismus bei Parteien

Ideologie	Weltanschauungsmodell	Liegt eine „klassische" Großideologie vor?
	Gesellschaftsmodell	Wird eine Diktatur angestrebt?
Strategie	Legalitätsverständnis	Wird die Demokratie instrumentalisiert?
	Pluralismusverständnis	Gibt es eine Zusammenarbeit mit antidemokratisch militanten oder gewaltbereiten Kreisen?
Organisation	Größenverhältnisse	Ist der Extremismus eine Mehrheitsposition?
	Kräfteverhältnisse	Ist das Machtzentrum extremistisch ausgerichtet?

- *Aktionismus:* Da die meisten extremistischen Parteien nicht aggressiv und gewaltbereit auftreten, gilt das Kriterium nach der Wahl der Mittel in erster Linie als Bestimmungsmerkmal für harten und weichen nichtparteiförmigen Extremismus. Wird Gewalt unmittelbar ausgeübt oder propagiert oder legitimiert, kann von hartem Extremismus gesprochen werden. Lehnen solche Gruppierungen Militanz und Gewaltakte kategorisch ab und distanzieren sie sich prinzipiell von jeglicher Gewaltanwendung, handelt es sich um weichen subkulturellen Extremismus.

Tabelle 2:
Kriterien für harten und weichen Extremismus bei subkulturellen Phänomen

Ideologie	Systemvorstellung	Wird eine Diktatur nach „klassischem" Vorbild angestrebt?
Strategie	Pluralismusverständnis	Gibt es eine Zusammenarbeit mit demokratischen Kräften?
Organisation	Organisationsgrad	Ist eine Militarisierung stark und damit die Effizienz und Schlagfertigkeit stark ausgeprägt?
Aktionismus	Militanz	Wird Gewalt angewendet bzw. propagiert und legitimiert oder nicht?

Der folgende Beitrag geht auf den Extremismus in Deutschland und auf den Extremismus in den EU-Staaten ein, ehe ein Vergleich angestellt wird. Es liegt in der Natur der Sache, dass sich nicht Land für Land betrachten lässt.[5]

II. Bundesrepublik Deutschland

Die Bundesrepublik Deutschland wurde und wird stark durch die Hinterlassenschaft der NS-Diktatur geprägt, ebenso, wenngleich weniger, durch die der

---

[5] Der Aufsatz basiert auf den folgenden Beiträgen: Eckhard Jesse/Tom Thieme: Extremismus in den EU-Staaten. Theoretische Grundlagen; Eckhard Jesse: Extremismus in Deutschland; Eckhard Jesse/Tom Thieme: Extremismus in den EU-Staaten im Vergleich, in: Dies. (Hg.): Extremismus in den EU-Staaten, Wiesbaden 2011, S. 11-32, S. 83-98, S. 431-482.

SED-Diktatur. Das Konzept der streitbaren Demokratie ist bestimmend für die Bundesrepublik Deutschland. Die im antiextremistisch ausgerichteten Grundgesetz verankerte Konzeption der streitbaren Demokratie will die Hilflosigkeit der relativistisch geprägten Demokratie des Weimarer Typs überwinden. Ihr zentraler Gedanke ist die Vorverlagerung des Demokratieschutzes in den Bereich des legalen politischen Handelns. Der demokratische Verfassungsstaat soll sich seiner Gegner nicht erst erwehren können, wenn diese Strafgesetze verletzen. Die Demokratie Weimarer Prägung konnte gegenüber solchen Gruppierungen nichts unternehmen, da sie sich (überwiegend) keines Verstoßes gegen Gesetze schuldig machten.

Alle Varianten der streitbaren Demokratie umfassen drei Charakteristika[6]: (1) die Wertgebundenheit, (2) die Abwehrbereitschaft und (3) die Vorverlagerung des Demokratieschutzes, wobei dieser letzte Punkt eine Präzisierung des zweiten darstellt. Mit Wertgebundenheit ist gemeint, dass der Verfassungsstaat eine Wertordnung zur Grundlage hat, die er nicht zur Disposition gestellt wissen will. Zum demokratischen Minimalkonsensus zählen insbesondere die Menschenrechte. Dem Grundgesetz wohnt ein „Ewigkeitsgebot" (Art. 79 Abs. 3 GG) inne: „Eine Änderung dieses Grundgesetzes, durch welche die Gliederung des Bundes in Länder, die grundsätzliche Mitwirkung der Länder bei der Gesetzgebung oder die in den Artikeln 1 und 20 niedergelegten Grundsätze berührt werden, ist unzulässig." Diese Werte und institutionellen Verfahrensnormen sind die Legitimationsbasis der Streitbarkeit.

Zur Abwehrbereitschaft gehört die Verteidigung des demokratischen Verfassungsstaates gegenüber extremistischen Positionen. Art. 9, Abs. 2 GG sieht die Möglichkeit des Vereinigungsverbots vor, Art. 21, Abs. 2 GG die des Parteienverbots. Art. 18 GG erlaubt die Verwirkung der Grundrechte, um drei wesentliche Maßnahmen des präventiven Demokratieschutzes zu nennen. Als Vorverlagerung des Demokratieschutzes gilt der Sachverhalt, dass der demokratische Verfassungsstaat es sich vorbehält, nicht erst bei einem Verstoß gegen (Straf-) Gesetze zu reagieren. Der Zusammenhang von Wehrhaftigkeit und Werthaftigkeit liegt auf der Hand. Ein Staat, der auf unveränderbaren Werten ruht, muss abwehrbereit sein. Und wer Abwehrbereitschaft bejaht, kommt ohne Wertgebundenheit nicht aus. Was die Praxis betrifft, so sind seit der deutschen Einheit neben islamistischen Gruppierungen zahlreiche rechtsextremistische verboten worden, allerdings keine inländischen linksextremistischen.

---

[6] Siehe auch den Beitrag von Carmen Everts zur Konzeption der streitbaren Demokratie in dieser Publikation.

Die Erwähnung extremistischer Parteien in den Verfassungsschutzberichten schadet diesen, ist durch das Prinzip der streitbaren Demokratie aber gedeckt. Die Verfassungsschutzberichte, deren Entstehung auf die antisemitischen Schmierereien auf die Jahreswende 1959/60 zu datieren ist, sind ein legitimer Ausdruck der Sorge des demokratischen Staates vor Unterwanderung[7], dürfen jedoch keine Verdachtsberichterstattung pflegen.[8]

Die politische Kultur in der Bundesrepublik Deutschland ist insgesamt stabil. Wirtschaftliche Krisen führen nicht notwendigerweise zu einem starken Anstieg des Extremismus. Deutschland ist keine „Schönwetterdemokratie" mehr. Allerdings gibt es beträchtliche Unterschiede zwischen den alten und den neuen Bundesländern. Das zeigt sich etwa bei den Antworten auf die Frage, ob die Demokratie in der Bundesrepublik die beste Staatsform sei oder ob es eine andere gäbe, eine bessere. Die Zahl derer, die der ersten Position zuneigen, liegt im Westen mit knapp 80 Prozent etwa doppelt so hoch wie im Osten. Und die Zahl derjenigen, die der zweiten Variante den Vorzug geben, ist im Osten mit knapp 30 Prozent mehr als doppelt so hoch wie im Westen. Mehr Ost- als Westdeutsche sehen den „Sozialismus" prinzipiell als eine gute, nur schlecht ausgeführte Idee an. 2009 bejahten 52 Prozent der Ostdeutschen diese Aussage (Nein: 23 Prozent), während sich bei der westdeutschen Bevölkerung die Positionen die Waage hielten (Ja: 26 Prozent; Nein: 30 Prozent).[9] Auch hier sind die Daten über die Jahre hinweg weiterhin stabil. Das Demokratieverständnis zwischen dem Osten und dem Westen weist beträchtliche Unterschiede auf.[10] Daraus kann nicht generell die Existenz einer fehlenden „inneren Einheit" abgeleitet werden.[11]

---

[7] Vgl. Eckhard Jesse: Verfassungsschutzberichte der Bundesländer, in: Uwe Backes/ders. (Hg.): Jahrbuch Extremismus & Demokratie, Bd. 19, Baden-Baden 2008, S. 13-34; ders.: Verfassungsschutzberichte des Bundes und der Länder im Vergleich, in: Ders.: Demokratie in Deutschland. Diagnose und Analysen, Köln 2008, S. 358-376.

[8] Vgl. Uwe Backes: Probleme der Beobachtung und Berichtspraxis der Verfassungsschutzämter – am Beispiel von REP und PDS, in: Bundesministerium des Innern (Hg.): 50 Jahre Verfassungsschutz in Deutschland, Köln 2000, S. 213-231; Lars Oliver Michaelis: Politische Parteien unter der Beobachtung des Verfassungsschutzes. Die Streitbare Demokratie zwischen Toleranz und Abwehrbereitschaft, Baden-Baden 2000.

[9] Vgl. Renate Köcher (Hg.): Allensbacher Jahrbuch der Demoskopie 2003-2009, Bd. 12, Berlin 2009, S. 131.

[10] Vgl. Oskar Niedermayer: Bevölkerungseinstellungen zur Demokratie: Kein Grundkonsens zwischen Ost- und Westdeutschen, in: Zeitschrift für Parlamentsfragen 40(2009)2, S. 383-397.

[11] Vgl. Markus Linden: Innere Einheit. Konjunkturen und Defizite einer Debatte, in: Deutschland Archiv 42 (2009) 2, S. 303-313.

Bis zur deutschen Einheit waren rechts- und linksextremistische Parteien ohne Chance, in den Deutschen Bundestag einzuziehen, von der Anfangsphase abgesehen. Selbst in den Länderparlamenten war die Repräsentanz einer extremistischen Kraft eine Ausnahme. Nur die NPD feierte Erfolge. Sie gelangte zwischen 1966 und 1968 in sieben Landesparlamente. Das sollte sich nach der deutschen Einheit ändern.

Zur rechten Variante des Extremismus[12] mit Blick auf Wahlen: Im Jahr der deutschen Vereinigung erreichte die 1964 gegründete NPD bei der gesamtdeutschen Bundestagswahl nur 0,3 Prozent, damit um die Hälfte weniger als beim letzten Wahlgang vor der Vereinigung. 1994 verzichtete sie gar auf eine Wahlteilnahme. Die Partei erzielte bei den Bundestagswahlen 1998 und 2002 lediglich 0,3 bzw. 0,4 Prozent der Stimmen, überwand damit nicht einmal die für die Parteienfinanzierung wichtige Marke von 0,5 Prozent. Bei den Bundestagswahlen 2005 und 2009 konnte die Partei mit 1,6 und 1,5 Prozent ein Wahlergebnis oberhalb der Ein-Prozent-Hürde aufweisen. Dabei schnitt sie in den neuen Bundesländern deutlich besser ab als in den alten (2009: 3,1 Prozent in den neuen, 1,1 Prozent in den alten).

Die NPD vermochte auch bei Landtagswahlen lange nicht zu reüssieren. Im Jahre 2004 sollte sich die Erfolglosigkeit der radikalisierten Partei teilweise ändern. Sie zog auf dem Höhepunkt der Kritik an Hartz IV in Sachsen mit 9,2 Prozent in den Landtag ein und konnte diesen Erfolg zwei Jahre später in Mecklenburg-Vorpommern fast wiederholen (2006: 7,3 Prozent). 2009 und 2011 vermochte die NPD in die Landtage zurückzukehren (in Sachsen mit 5,6 Prozent, in Mecklenburg-Vorpommern mit 6,0 Prozent). Allerdings fallen die Ergebnisse in den anderen Ländern deutlich niedriger aus.

Die 1987[13] als Partei ins Leben gerufene *Deutsche Volksunion* (DVU), die mit der NPD 2005 einen, so der vollmundige Name – „Deutschland-Pakt" eingegangen war, kandidierte bei Bundestagswahlen nur zweimal: 1998 erreichte sie 1,2 Prozent, 2009, nach dem Ende des „Deutschland-Paktes", 0,1 Prozent. Die DVU überwand bei fünf Landtagswahlen nach der deutschen Einheit die Marke von fünf Prozent[14]: 1991 in Bremen mit 6,3 Prozent, 1992 in Schleswig-Holstein

---

[12] Vgl. Frank Decker/Viola Neu (Hg.): Handbuch der deutschen Parteien, Wiesbaden 2007; Henrik Steglich: Rechtsaußenparteien in Deutschland. Bedingungen ihres Erfolges und Scheiterns, Göttingen 2010; ders.: Aktuelle Bedeutung und Perspektiven rechtsextremer Parteien in Deutschland, in: Totalitarismus und Demokratie 7 (2010) 1, S. 15-38.

[13] Als Verein entstand sie am 18. Januar 1971, auf den Tag genau 100 Jahre nach der Reichsgründung.

[14] Dank der für Bremen und Bremerhaven gesondert geltenden Fünfprozentklausel zog die DVU

mit 6,2 Prozent, 1998 in Sachsen-Anhalt mit 12,9 Prozent, dem besten Ergebnis einer Rechtsaußenpartei in der Geschichte der Bundesrepublik Deutschland, 1999 und 2004 in Brandenburg mit 5,3 und 6,1 Prozent. Die Abgeordneten erwiesen sich in den Parlamenten, nicht nur in Sachsen-Anhalt[15], als überfordert. Nach dem Rückzug des reichen Immobilienmaklers Gerhard Frey von der Parteispitze stand sie, desolat organisiert, vor dem Aus. Der Zusammenschluss mit der NPD Ende des Jahres 2011 wird von einigen Repräsentanten der DVU gerichtlich angefochten.

Zum extremistischen Intensitätsgrad der NPD: Der langjährige NPD-Vorsitzende *Udo Voigt* hatte einen Strategiewechsel initiiert. Er proklamierte als Ziel, „seine" Partei aus ihrem „politischen Eremitendasein" herauszuführen.[16] Die strategische Verjüngungskur bescherte der NPD einen „zweiten Frühling",[17] radikalisierte sie aber erkennbar, etwa durch ihr Drei- bzw. Viersäulenkonzept: den Kampf um die Köpfe, den Kampf um die Straße, den Kampf um die Wähler, den Kampf um den organsierten Willen. Voigt predigt den Kampf gegen die demokratische Ordnung. So erklärte er nach dem (ersten) sächsischen Wahlerfolg seiner Partei vollmundig: „Es ist unser Ziel, die BRD ebenso abzuwickeln, wie das Volk vor 15 Jahren die DDR abgewickelt hat. Dies geht offensichtlich auch über die Wahlurne".[18] Die starke Anbindung der Partei an die „Freien Kräfte" lässt die demonstrativ nach außen gekehrte gewaltaversive Haltung der NPD als wenig glaubwürdig erscheinen. Die Partei macht aus ihrer Ablehnung des „Systems" keinen Hehl. Und sie ist bestrebt, möglichst viele Richtungen um sich zu versammeln, wie die enge Zusammenarbeit mit den militanten „Freien Kräften" zeigt. Selbst die Abgrenzung gegenüber dem (braunen) „Schwarzen Block" fällt nicht prinzipiell aus, ist eher von strategischen Überlegungen getragen. Es gibt zwar unterschiedliche Strömungen in der Partei, etwa die Anhänger des „Deutschen Weges" um Udo Voigt und die des „Sächsischen Weges" um Holger Apfel, aber die Konflikte verlaufen nicht zwischen demokratischen und extre-

---

öfter mit einem Sitz in die Bürgerschaft Bremens ein, weil es ihr gelungen war, im strukturschwachen Bremerhaven mehr als fünf Prozent der Stimmen zu erreichen (zuletzt 2007).

[15] Vgl. Everhard Holtmann: Die angepassten Provokateure. Aufstieg und Niedergang der rechtsextremen DVU als Protestpartei im polarisierten Parteiensystem Sachsen-Anhalts, Opladen 2002.

[16] Vgl. Uwe Backes/Henrik Steglich (Hg.): Die NPD. Erfolgsbedingungen einer rechtsextremistischen Partei, Baden-Baden 2006.

[17] So Armin Pfahl-Traughber: Der „zweite Frühling" der NPD zwischen Aktion und Politik, in: Uwe Backes/Eckhard Jesse (Hg.): Jahrbuch Extremismus & Demokratie, Bd. 11, Baden-Baden 1999, S. 146-166.

[18] „Ziel ist, die BRD abzuwickeln". Der NPD-Vorstand über den Wahlerfolg seiner Partei und den Zusammenbruch des liberal-kapitalistischen Systems, in: Junge Freiheit vom 24. September 2004, S. 3.

mistischen Kräften. Die vielfältigen Kontroversen innerhalb der NPD gehen neben anderen Faktoren in der Tat auf Zwistigkeiten zwischen „Tauben" und „Falken" zurück. Beide Richtungen stehen allerdings fest im extremistischen Umfeld. Auf dem Parteitag im November 2011 setzte sich in einer Kampfabstimmung Apfel gegen Voigt als neuer Vorsitzender durch.

Zur linken Variante des Extremismus – und damit fast ausschließlich zur *Partei des Demokratischen Sozialismus* (PDS), *Linkspartei* (2005-2007) und zur *Linken* (seit 2007), über deren extremismustheoretische Einordnung immer wieder gestritten wird, obgleich verschiedene Organisationsteile und ihre Programmatik klar auf eine Überwindung des demokratischen Verfassungsstaates zielen[19], mit Blick auf Wahlen: Mit dem Überspringen der Fünfprozenthürde im Wahlgebiet Ost (11,1 Prozent; Wahlgebiet West: 0,3 Prozent) gelang der PDS wegen der für Ost und West gesondert geltenden Sperrklausel 1990 der Einzug in den Bundestag (bundesweit: 2,4 Prozent).[20] Gleiches gilt für 1994 (die PDS zog mit 4,4 Prozent dank der Grundmandatsklausel in den Bundestag ein) und 1998 (die Partei überwand mit 5,1 Prozent die Fünfprozenthürde). Auch im Jahre 2002 stand eine Regierungsbeteiligung der PDS nicht zur Diskussion. Das Wahlergebnis von 4,0 Prozent war ein Schlag ins Kontor und stark situationsbedingt. Da die PDS – im Osten Berlins – nur zwei Direktmandate erreichen konnte, scheiterte der Wiedereinzug in den Bundestag.

Die *Linkspartei* steuerte bei der Bundestagswahl 2005 mit dem populärpopulistischen Tandem Gysi-Lafontaine einen massiven Anti-Hartz IV-Wahlkampf. Die Partei gewann 8,7 Prozent. Sie hatte nicht mehr den Kardinalfehler des Jahres 2002 wiederholt: statt vor allem die rot-grüne Regierung die Oppositionsparteien CDU/CSU und FDP zu attackieren. Diesmal griff sie frontal die rot-grüne Politik an. Damit gelang es ihr, eine neue Wählerklientel zu erobern. Sie konnte neben den Privilegierten in der DDR Wähler mit keiner engen Bindung an die Partei gewinnen, vornehmlich solche mit einem niedrigeren Bildungsniveau, einer stärkeren gewerkschaftlichen Orientierung und höherer

---

[19] Eckhard Jesse/Jürgen P. Lang: DIE LINKE – Der smarte Extremismus einer deutschen Partei, München 2008, S. 169-212. Zu Unterschieden in der extremismustheoretischen Einordnung der dieser Partei vgl. auch die Beiträge von Gero Neugebauer: Von der SED/PDS zur Partei die Linke. Oszillieren zwischen Demokratie und Extremismus?, in Ulrich Dovermann (Hg.): Linksextremismus in der Bundesrepublik Deutschland. Schriftenreihe der Bundeszentrale für politische Bildung Nr. 1135, Bonn 2011, S. 95-122; Eckhard Jesse: Die LINKE – demokratietheoretische, parteiensystematische und koalitionsstrategische Überlegungen, in: Dovermann (ebd.), S. 123-142; Streitgespräch zum Thema Linksextremismus zwischen Prof. Richard Stöss und Prof. Uwe Backes, in: Dovermann (ebd.), S. 291-318.

[20] Vgl. Decker/Neu (Anm. 11); Jesse/Lang (Anm. 19), S. 109-144.

Arbeitslosigkeit.[21] Bei der Bundestagswahl 2009 profitierte die *Linke* maßgeblich von der Existenz der Großen Koalition, die sie erst indirekt heraufbeschworen hatte. Trotz ihrer 11,9 Prozent der Stimmen konnte sie ein schwarz-gelbes Bündnis nicht verhindern. Sie punktete zumal mit dem Thema der „sozialen Gerechtigkeit" nicht nur im Osten (28,5 Prozent), sondern auch im Westen (8,3 Prozent) und avancierte in zwei Bundesländern sogar zur stärksten Kraft – in Brandenburg mit 28,5 Prozent und in Sachen-Anhalt mit 32,4 Prozent.

Die *Linke* zog bei allen Landtagswahlen in die Parlamente der neuen Bundesländer ein. Die Tendenz stieg nahezu beständig nach oben, stagniert heute. Allerdings schnitt sie in denjenigen Ländern deutlich schlechter ab, in denen sie als Juniorpartner eine Koalition eingegangen war (Mecklenburg-Vorpommern 2002 und Berlin 2006). Lange war die PDS bei den Landtagswahlen in den alten Bundesländern eine zu vernachlässigende Größe – sei es, dass sie gar nicht antrat; sei es, dass sie nicht einmal 1,0 Prozent der Stimmen erhielt. Durch den Zusammenschluss der PDS mit der (westlichen) *Wahlalternative Arbeit und soziale Gerechtigkeit* (WASG) im Jahre 2007 ist dies jedoch anders geworden. Sie ist nun in 13 von 16 Bundesländern parlamentarisch vertreten – nicht in Baden-Württemberg, Bayern und Rheinland-Pfalz. Die Ergebnisse für die *Deutsche Kommunistische Partei* (DKP) und die *Marxistisch-Leninistische Partei Deutschlands* (MLPD) sind vernachlässigenswert. Wenn diese Parteien antreten, erreichen sie nicht mehr als 0,1 Prozent.

Repräsentiert die NPD mit Blick auf Ideologie, Strategie und Organisation einen harten Rechtsextremismus, ist die *Linke* durch einen weichen Extremismus gekennzeichnet.[22] So offenkundig das Gesellschaftsmodell der *Linken* extremistische Ansätze erkennen lässt, so prinzipiell ist jedoch die Absage an die Großideologie des Marxismus-Leninismus. Die Ideologie weist viele Elemente auf, die nur schwer mit dem demokratischen Verfassungsstaat in Einklang zu bringen sind, auch wenn dieser nicht in seiner Gesamtheit abgelehnt wird. Der Ansatz der *Linken* ist außerparlamentarischer und innerparlamentarischer Opposition sowie der Regierungspolitik verpflichtet. Ihr Verhältnis zur gewaltbereiten autonomen Szene ist ambivalent – speziell dann, wenn es gegen „Faschisten" geht.

---

[21] Vgl. Oskar Niedermayer: Die Wählerschaft der Linkspartei.PDS 2005, Sozialstruktureller Wandel bei gleich bleibender politischer Positionierung, in: Zeitschrift für Parlamentsfragen 37 (2006) 3, S. 523-538.

[22] Vgl. Eckhard Jesse: Die NPD und die Linke. Ein Vergleich zwischen einer harten und einer weichen Form des Extremismus, in: Uwe Backes/Alexander Gallus/Eckhard Jesse (Hg.): Jahrbuch Extremismus & Demokratie. Bd. 21, Baden-Baden 2010, S. 13-31.

Nach der Fusion von *Linkspartei.PDS* und WASG zur *Linken* (die eine Vorsitzende, *Gesine Lötzsch*, stammt von der PDS, der andere Vorsitzende, *Klaus Ernst*, von der WASG) sind extremistische Kräfte innerhalb der Partei keineswegs schwächer geworden. Orthodoxe Kommunisten, Trotzkisten und radikale Linke unterschiedlicher Couleur wurden gestärkt und sind mehr denn je ein innerparteilicher Machtfaktor. Offenkundig ging durch den Zusammenschluss keine Mäßigung einher, sondern eher eine Radikalisierung, etwa durch neue sektiererische Gruppierungen. Der mit rund 1000 Mitgliedern stärkste extremistische Zusammenschluss der Linken ist weiterhin die *Kommunistische Plattform*. Es gibt in der *Linken* Kräfte, die den demokratischen Verfassungsstaat ablehnen.[23] Diese gelangen in führende Positionen, erfahren also auch von gemäßigten Richtungen Unterstützung.

Zum subkulturellen Extremismus: Ist die Fremdenfeindlichkeit im Osten stärker ausgeprägt als im Westen (mit einer hohen subkulturellen Gewaltwelle in den ersten Jahren nach der Wiedervereinigung), so dominieren die linken Autonomen in den Städten des Westens, weniger in denen des Ostens. Die Gründe für den höheren Grad des Linksextremismus in den neuen Bundesländern – was die Parteienebene betrifft – liegen auf der Hand; die Gründe für den dort höheren Grad des Rechtsextremismus sind sozialisations- (mangelnde Weltoffenheit der DDR-Gesellschaft) und vor allem situationsbedingt (weitaus stärkere Arbeitslosenquote).

Die verschiedenen Formen des gewalttätigen Extremismus sind ähnlich und unterschiedlich zugleich. In den 1990er Jahren ist die Zahl der gewaltbereiten Linksextremisten zurückgegangen, die der gewaltbereiten Rechtsextremisten in die Höhe geschnellt, vor allem in den neuen Bundesländern. Die Zahlen für 2010 lauten wie folgt: Der Verfassungsschutz nennt 8.300 subkulturell geprägte Rechtsextremisten und 6.800 gewaltbereite Linksextremisten.[24] Skinheads und Autonome weisen einen unterschiedlichen ideologischen Hintergrund auf. Richtet sich die kommunikationsarme rechtsextremistische Gewaltszene vor allem gegen „Fremde" und linke „Zecken", so eint die Autonomen, deren Reflexionsniveau in der Regel ebenso höher ist wie die Planungsintensität, der Hass auf den Staat und auf rechte „Faschisten". Unterschiede in der Tatspezifik (z. B. Überwiegen von Landfriedensbrüchen bei den Autonomen, zahlreiche Brandanschläge und Körperverletzungen bei den Skinheads) gehen zum Teil auf

---

[23] Vgl. Harald Bergsdorf/Rudolf van Hüllen: Linksextrem – Deutschlands unterschätzte Gefahr? Zwischen Brandanschlag und Bundestagsmandat, Paderborn 2011.

[24] Vgl. Verfassungsschutzbericht 2010, Hg. vom Bundesministerium des Innern, Berlin 2011, S. 55, S. 130.

die soziale Charakteristik der Akteure zurück (z. B. niedriges Durchschnittsalter, niedriger Bildungsstand, Neigung zu körperlicher Gewalt bei den Skinheads; höheres Alter, höherer Bildungsgrad, höhere Planungsintensität bei Autonomen). Im Jahr 2010 gab es 762 Gewalttaten mit rechtsextremistischem Hintergrund und 944 Gewalttaten mit linksextremistischem Hintergrund.[25]

Gleichwohl sind die Subkulturen[26] durch gewisse Analogien gekennzeichnet: durch Gewaltbejahung („schwarze Listen") und -anwendung, durch mangelnde Organisationsfestigkeit, durch eine hohe Fluktuationsrate, durch schwammige Weltbilder, durch ihr jugendliches Alter, durch ein beträchtliches Aggressionspotential, durch primitive Feindbilder, durch die Ablehnung der Mehrheitskultur und nicht zuletzt durch ein ähnliches Erscheinungsbild. Nicht immer ist das ideologische Anliegen bei den Gewalttaten erkennbar. Insofern sind die Grenzen zu sozialer Verwahrlosung fließend. „Antifa" und „Anti-Antifa" bekämpfen sich – und brauchen sich doch. Allerdings ist die Fixierung der „Antifa" auf den ideologischen Gegner größer als umgekehrt. Obwohl beide Milieus den demokratischen Verfassungsstaat ablehnen, gibt es keinerlei Zusammenarbeit zwischen ihnen ihm Kampf gegen ihn. Insgesamt ist die linke „Konfrontationsgewalt" stärker als die von rechts. Während Gewalt von rechts eher durch expressive Merkmale geprägt ist (als Mittel der Selbstdarstellung), zeichnet sich Gewalt von links eher durch instrumentelle Merkmale aus (als Mittel zum politischen Zweck).[27]

Als die Öffentlichkeit im November 2011 von zehn Morden und 14 Banküberfällen einer rechtsextremistischen Terrorgruppe aus Thüringen erfuhr („Nationalsozialistischer Untergrund"), brach helles Entsetzen aus. Die Sicherheitsbehörden hatten von der Existenz einer solchen Organisation, die vornehmlich türkische Immigranten getötet hatte, nichts geahnt, weil Selbstbezichtigungsschreiben ausgeblieben waren. Ermittlungen werden zeigen, ob ein verzweigtes Netzwerk bestand und der Terminus der „braunen Armee Fraktion" angemessen ist.

---

[25] Vgl. ebd., S. 36, S. 43.

[26] Gibt es zahlreiche Studien zu den rechtsextremistischen Skinheads, so mangelt es an einer wissenschaftlichen Durchdringung der „autonomen Szene", erst recht an Vergleichen. Vgl. jetzt das Kapitel „Wechselseitige Rezeptionen militanter Szenen: Antifa und Anti-Antifa" bei Uwe Backes/Matthias Mletzko/Jan Stoye: NPD-Wahlmobilisierung und politisch motivierte Gewalt. Sachsen und Nordrhein-Westfalen im kontrastiven Vergleich, Köln 2010, S. 160-183. Siehe jetzt Karsten Dustin Hoffmann: „Rote Flora". Ziele, Mittel und Wirkungen eines linksautonomen Zentrums in Hamburg, Baden-Baden 2011.

[27] Vgl. Backes/Mletzko/Stoye (Anm. 26).

III. Extremismus in den EU-Staaten

1. Harter Extremismus

Extremistische Bestrebungen variieren nicht nur in ihren Ideologie-, Organisations- und Aktionsformen, sondern auch und vor allem im Grad ihrer Systemablehnung, also in ihrer extremistischen Intensität. Die Faktoren zur Bestimmung harter und weicher Extremismen sind dabei für Parteien und nichtparteiförmige Organisationen nicht identisch. Je nachdem, ob Parteien oder subkulturelle Strömungen untersucht werden, sind unterschiedliche Kriterien für die Merkmale Ideologie, Organisation, Strategie und Aktion anzuwenden.[28] Grenzfälle zwischen harten und weichen Extremismusformen sind wie Abstufungen innerhalb der Kategorien nicht ausgeschlossen.

Wer die Relevanz extremistischer Parteien an ihren Wahlerfolgen festmacht, sieht bei harten Varianten auf parteiförmiger Ebene in Europa weitgehend Irrelevanz. Ihre bekanntesten Vertreter auf Seiten der extremen Rechten sind die NPD, Italiens MS-FT, *Jobbik* in Ungarn und die *British National Party*. Obwohl diese Parteien nicht offen an historische Weltanschauungsmodelle anknüpfen, distanzieren sie sich nicht von ihnen. Ihre Programmatiken sind klar antidemokratisch ausgerichtet. Alle harten rechtsextremen Parteien sind dezidiert fremdenfeindlich, ihr Ziel ist eine ethnisch homogene Volksgemeinschaft. Was sie verfechten, läuft auf die Errichtung einer Diktatur hinaus. Strategisch machen sie daraus keinen Hehl. Sie sind bestrebt, möglichst viele Richtungen um sich zu versammeln, und sie forcieren die Zusammenarbeit mit militanten Kräften. Wenngleich auf organisatorischer Ebene Zwistigkeiten zwischen gemäßigten und radikalen Parteiflügeln auftreten können, stellt sich für harte rechtsextreme Parteien nicht ernsthaft die Frage nach dem innerparteilichen Verhältnis von extremistischen und demokratischen Strömungen. Hardliner wie „moderatere" Kräfte stehen in klarer Gegnerschaft zum demokratischen System. Bei den harten rechtsextremen Parteien Europas sind die internen Größen- und Kräfteverhältnisse eindeutig zugunsten der antidemokratischen Akteure ausgerichtet. Sie kooperieren mit militanten Gruppierungen, deren Mitglieder als Rekrutierungs- und Mobilisierungspool dienen. Gemäßigtere Rechtsaußenformationen gelten ihnen dagegen meist als lasch oder gar als Teil des politischen Establishments. Sie haben keinerlei Interesse an Kooperationen

---

[28] Siehe zur theoretischen Konzeption „harter" und „weicher" Extremismen Abschnitt I in diesem Aufsatz.

oder Bündnissen mit demokratischen Organisationen, allenfalls aus taktischen Motiven.
Bei dem harten Extremismen der parteiförmigen Linken handelt es sich meist um orthodoxe Splitterparteien wie die kommunistischen Parteien in Deutschland, Finnland und Schweden oder um Abspaltungen von den reformsozialistisch orientierten Kräften wie in Italien, Frankreich und in einigen Ländern Osteuropas. Sie stellen offen die Systemfrage, fordern die Rückkehr zur Großideologie des realen Sozialismus, orientieren sich am Prinzip des „demokratischen Zentralismus" und verharmlosen massiv die Vergangenheit der kommunistischen Regime. Gewalt als Mittel der Politik wird zwar nicht bzw. nur in seltenen Fällen direkt angewandt, doch fehlt eine glaubhafte Distanzierung gegenüber militanten Gegnern der Demokratie. Mitunter kooperieren sie mit „außerparlamentarischen Revolutionären", wiewohl politische und kulturelle Unterschiede zwischen subkulturellen linken Szenen und orthodoxen kommunistischen Parteien existieren. Das Gros ihrer Anhänger wie die führenden Kräfte der äußersten Linksaußenparteien lehnen den demokratischen Verfassungsstaat ab. Gegenüber demokratischen Organisationen, die als Teil des kapitalistischen Systems wahrgenommen werden, gehen sie auf Distanz. Ihr Selbstverständnis als traditionell kommunistische Parteien entspringt nicht zuletzt der ideologischen wie organisatorischen Loslösung von den reformorientierten sozialistischen Parteien. Die marxistisch-leninistische Weltanschauung gilt nach wie vor als oberste Maxime.

Im Gegensatz zur parteiförmigen Ebene, auf der nur wenige relevante Organisationen einen hohen extremistischen Intensitätsgrad besitzen, dominieren bei nichtparteiförmigen Gruppierungen harte Extremismusvarianten. Da die Ausübung von Gewalt als eindeutiges und gemeinhin anerkanntestes Indiz für Demokratiefeindlichkeit gilt, zählen dazu sämtliche terroristischen Vereinigungen – unabhängig von ihrer ideologischen Ausrichtung als „braune", „rote" oder „grüne" Extremismusformen. Auch nicht-terroristische Gruppierungen, zum Beispiel subkulturell geprägte militanten Szenen wie Skinheads und Autonome, wenden Gewalt an oder propagieren sie zumindest. Ihr bewaffneter Kampf richtet sich nicht nur gegen die Einrichtungen und Symbole des Staates, sondern im schlimmsten Fall direkt auch gegen die Unversehrtheit von Andersdenkenden und der Zivilbevölkerung. Ein solch militanter Aktionismus ist dabei fast immer mit einer starren ideologischen Weltsicht verbunden. Die Deideologisierung zahlreicher extremistischer Parteien trifft für subkulturelle Gruppierungen nicht in gleichem Maße zu, was einerseits deren politische Irrelevanz – wegen der breiten Isolierung solcher Positionen in den meisten Ländern –, und andererseits ihre gesellschaftliche Gefahr erklärt, die von wenigen, aber stark ideologisch mobilisierten und häufig gewaltbereiten Anhängern ausgeht.

Harte, nicht parteiförmige Extremismusvarianten lehnen die Zusammenarbeit mit gemäßigteren oder demokratischen Gesinnungsgenossen ab, was nicht bedeutet, sie würden keineswegs versuchen, potenzielle Bündnispartner zu instrumentalisieren. Das trifft für die subkulturelle Linksaußenszene mehr zu als für den subkulturellen Rechtsextremismus. Während (fast) überall in Europa gewaltbereite Rechtsextremisten geächtet sind, genießen autonome Gruppen in Teilen der Mehrheitskultur gewisse Sympathien. Sie treten meist im Fahrwasser demokratisch antifaschistischer Initiativen in Erscheinung; der gewaltlose Widerstand wird jedoch als wirkungslos und feige abgetan. Kommt es zur Eskalation, dienen ihnen Gewaltlosigkeit propagierende Demonstranten nicht selten als Schutzschild und als Beispiel unverhältnismäßiger Staats- bzw. Polizeigewalt. Ein weiteres Merkmal für eine hohe extremistische Intensität ist der Organisationsgrad solcher Gruppierungen. Autonome und NS-affine Kreise werden oftmals straff geführt, unterhalten zum Teil paramilitärische Ausbildungslager, und es existieren klare Kommandostrukturen. Wenngleich sich lose subkulturelle Gruppen wie Skinheads und Punks in ihrer Militanz wenig von hochgradig strukturierten Vereinigungen unterscheiden, erreicht ihr Organisationsniveau nicht das Maß stark militarisierter Kräfte. Für sie ist das Engagement in „Gruppen" meist Freizeitgestaltung, während sie für harte Szenegänger den zentralen Lebensinhalt bedeuten.

2. Weicher Extremismus

Bei den meisten erfolgreichen rechts- wie linksextremistischen Parteien in Europa handelt es sich um weiche Extremismusformen (bei manchen Abstufungen im Einzelnen). Gemeinsam ist ihnen eine deutliche Distanz zu den Großideologien des Nationalismus und des „realen Sozialismus", wenngleich die Auseinandersetzung mit den diktatorischen Regimes zum Teil nur halbherzig geschieht. Weiche extremistische Parteien distanzieren sich entschieden vom Nationalsozialismus und Stalinismus, nicht unbedingt vom Nationalismus und Kommunismus. Weichen Linksaußenvarianten fällt der Abschied von ihrer theoretischen Grundlage – dem „realen Sozialismus" – schwerer als ihren rechten Pendants, wie die Beibehaltung kommunistischer Namen und Parteiprogramme eher belegt, obwohl sie in der praktischen Politik selten die „Systemfrage" stellen.

Die Parteien eines weichen Rechtsextremismus achten stattdessen wegen der verbreiteten gesellschaftlichen Ächtung offen rassistischer und nationalsozialistischer Positionen darauf, nicht in die „Faschismusecke" gestellt zu werden.

Parteien wie *Lega Nord*, *Vlaams Belang*, *Front National* und die FPÖ verstecken geradezu ihre Systemfeindlichkeit, was nicht in gleichem Maße für Parteien wie *Die Linke*, die PCF oder die RC gilt. Weiche extremistische Parteien zielen nicht auf die Errichtung nationalistischer oder kommunistischer Diktaturen nach historischen Vorbildern. In gewisser Weise verfechten beide Seiten des weichen parteipolitischen Extremismus Staatskonzeptionen eines so genannten Dritten Weges zwischen Demokratie und (real)sozialistischer bzw. nationalistischer Diktatur. Trotz der ideologischen Unterschiede weisen solche Vorstellungen ein Reihe von inhaltlichen Gemeinsamkeiten auf: einen starken Staat, mehr innere Sicherheit, wirtschaftliche Regulierung und Zentralisierung, umfangreiche Umverteilungsmaßnahmen sowie die Begrenzung (wenn nicht Beendigung) der europäischen Gemeinschaftspolitik.

In weichen extremistischen Parteien existieren Kräfte, die eindeutig den Verfassungsstaat negieren, allerdings nicht den Kurs ihrer Parteien bestimmen. Das Verhältnis gegenüber Gewaltbefürwortern ist ambivalent. Sie lehnen Militanz ab, nicht jedoch die extremistischen Szenen an sich. Die interne und externe Verzahnung von demokratischen und extremistischen Strukturen, von Reformern und Pragmatikern auf der einen Seite und Dogmatikern und Ideologen auf der anderen lässt sich bei vielen Parteien und noch mehr bei Wahlallianzen nur schwer durchblicken. Das hängt mit der selbstverordneten innerparteilichen Heterogenität zusammen, die auch – zum Teil miteinander konkurrierenden – extremistischen Minderheitsströmungen Raum bietet. Trotz ihrer schwachen oder zumindest nicht dominanten internen Stellung sind radikale Untergruppierungen für das Selbstverständnis solcher Parteien sowie für deren Binnenintegration von beachtlicher Bedeutung. Wer auf die dominierende Linie abstellt, kommt zu dem Ergebnis, dass bei weichen extremistischen Parteien die offen antidemokratischen Positionen nicht „das Sagen haben", obwohl sie auch in führende Positionen gelangen, also auch Unterstützung vom gemäßigten Parteimainstream erfahren. Weichen Extremismen fehlt es im Unterschied zu demokratischen Parteien an einer klaren Distanzierung von internen Fundamentalisten, und es mangelt an Versuchen, solche Kräfte aus den Parteien auszuschließen. Moderate Führungsspitzen wissen um die Notwendigkeit, diese Strömungen einzubeziehen.

Weiche Extremismusvarianten – egal ob auf partei- oder nicht-parteiförmiger Ebene – suchen einerseits die Zusammenarbeit mit demokratischen Kräften, andererseits fällt ihnen die Grenzziehung zu militanten Kreisen schwer. Sie lavieren in ihrem Legalitätsverständnis. Gewalt als Mittel der Politik wird zwar nicht gerechtfertigt, doch erfolgt die Distanzierung gegenüber militanten Kräften der eigenen Richtung keineswegs ohne Wenn und Aber. Das gilt für die extreme Rechte, die trotz aufgesetzter Bürgerlichkeit ein klares Bekenntnis gegen Neonationalsozialisten und Skinheads vermissen lässt, ebenso wie für die extreme Linke, die sich pauschaler Distanzierungen gegenüber Orthodoxen und Autonomen verwahrt. Wer subkulturelle Extremismen in harte und weiche Typen anhand des Kriteriums der Gewaltablehnung unterscheidet, gelangt zu anderen Ergebnissen, als wenn nach der direkten Gewaltanwendung gefragt wird.

Nichtparteiliche weiche Extremismusformen unterscheiden sich von gewaltbereiten Vereinigungen nicht nur in ihrem Aktionismus, sondern auch in ihrer Organisationsstruktur und in ihrer Bündnisfähigkeit. Gleichwohl war die Abwendung von Militanz nicht zwingend ein Bekenntnis zur demokratischen Ordnung. Weiche Extremismen verzichten – teils aus strategischen Gründen, teils aus eigener Unfähigkeit – auf straff geführte Strukturen. Dazu zählen auf der rechten wie auf der linken Seite des politischen Spektrums weniger die extremistischen Szenen, sondern vor allem Massenorganisationen mit demokratischen und antidemokratischen Flügeln, wie politische Gewerkschaften, (regionalistische) Kulturinstitutionen und kirchennahe Vereinigungen. Sie zeichnen sich dadurch aus, dass sie Kooperationen mit demokratischen Parteien und gesellschaftlichen Interessensgruppen forcieren, um einerseits ihre Anliegen als mehrheitsfähig auszugeben, andererseits um selbst als demokratisch wahrgenommen zu werden. Damit einher geht – freiwillig oder gezwungenermaßen – eine organisatorische Pluralität, die einer starken Zentralisierung und Homogenisierung der inneren Ordnungen wie beim harten nicht-parteiförmigen Extremismus entgegensteht.

Weiche Varianten bilden kaum feste Strukturen, die Hierarchien sind schwach ausgebildet, es fehlt an regelmäßigen Versammlungen. Sie treten meist nur bei bestimmten Ereignissen wie (Musik)Festivals, Streiks, Massendemonstrationen oder historischen Gedenkfeiern in Erscheinung und verlaufen sich danach wieder. Weiche außerparlamentarische Extremismen betreiben im Gegensatz zu manch harten Varianten keine permanente Revolution, sondern eher eine Art „Teilzeitsystemwechsel".

IV. Vergleich

Extremismen gefährden die demokratischen Verfassungsstaaten Europas auf vielfältige Weise, wobei die Ausprägungen und Bedrohungspotenziale von Land zu Land stark variieren.[29] Wie der Vergleich des politischen Extremismus in den EU-Staaten verdeutlicht, unterscheiden sich antidemokratische Phänomene nicht nur in ihrem Ausmaß und in ihren ideologischen Ausrichtungen (Rechts- und Linksextremismus, regionalistischer Separatismus, religiöser Fundamentalismus), sondern auch in ihren Aktions- und Organisationsformen (Parteien, subkulturelle Gruppierungen, terroristische Zellen) sowie im Grad ihrer extremistischen Intensität (harte und weiche Extremismen). Lässt das die nahe liegende Schlussfolgerung zu, je erfolgreicher und massiver extremistische Kräfte agieren, desto größer ist die Gefahr für die europäischen Demokratien?

Das ist nicht zwangsläufig der Fall, denn die Kriterien für den Erfolg und den Intensitätsgrad des Extremismus sind nicht dieselben wie die, welche das Ausmaß der Gefährdung bestimmen. Der politische Extremismus bezieht seine Dynamik nicht zuletzt aus einem Beziehungsgeflecht verschiedener Elemente, die einander unterstützen (Stimulationsthese) und hemmen (Absorbationsthese)[30] können. So sind die Wahlergebnisse zwar wesentliche Anhaltspunkte für die Stärke und den Einfluss extremistischer Parteien, doch nur ein Faktor unter anderen, um die demokratischen Systeme zu unterminieren. Mehrheitsfähige Ergebnisse erreichten extremistische Parteien von 1990 an nirgends in Europa, doch erzielten sie in einigen Staaten (einzeln oder in Addition der extremistischen Antipoden) über 20 Prozent Stimmenanteile und gelangten teilweise in Regierungskoalitionen. Gerade der gewachsene Einfluss extremistischer Parteien führte jedoch in den meisten Fällen zu einer Abschwächung bzw. Aufgabe ihrer Systemablehnung.

Fast alle extremistischen Parlamentsparteien zählen zu weichen Extremismusformen oder wandelten sich in diese Richtung. Und nicht selten fanden parlamentarische Vertreter extremistischer Parteien Gefallen am „Politikerdasein". Dadurch riskierten sie den Bruch mit ihren Anhängern, die ihnen Verrat vorwarfen, besonders bei Regierungsverantwortung. Aus diesem Befund ergibt sich eine paradoxe Situation: Aus extremismustheoretischer Perspektive verbietet sich strikt die Kooperation mit antidemokratischen Kräften, doch gerade die Einbindung extremistischer Parteien zeigt aus normativ demokratietheoretischer Sicht eine Reihe positiver Effekte. Sie zwingt Extremisten zu Pragmatis-

---

[29] Allerdings muss nicht jede Gefahr für Demokratien von Extremisten ausgehen. Günstlingswirtschaft, Elitenkartelle, wachsende soziale Ungleichheit oder ein Staatsbankrott können das Vertrauen und damit den Bestand der demokratischen Ordnungen dauerhaft untergraben bzw. beschädigen. Vor allem die in einigen europäischen Staaten allgegenwärtige Korruption wird von internationalen Polizei- und Sicherheitsexperten als größte Gefahr für die als quasi-demokratisch bezeichneten Systeme eingeschätzt.

[30] Vgl. Backes/Mletzko/Stoye (Anm. 26).

mus und Kompromissen, damit zur Milderung ihres Antisystempotenzials und entzaubert ihre teilweise populistisch vermarkteten Forderungen, die sie nur als permanente Oppositionsparteien formulieren können bzw. konnten. Minderheitsregierungen unter Tolerierung extremistischer Parteien wie in Bulgarien, Dänemark und Spanien stellen (faule) Kompromisse dar, damit Demokraten wie Extremisten ihr Gesicht wahren. Sie haben in aller Regel nicht die „positiven Nebeneffekte" einer Schwächung und Abschwächung des politischen Extremismus.

Allerdings wäre es einfach, Integration als Allheilmittel extremistischer Auswüchse pauschal zu verschreiben. Trotz Mäßigungstendenzen blieben viele solcher Parteien im Kern extremistisch, und nur einige vollzogen den vollständigen Wandel in Richtung Systemloyalität. Auch wenn die meisten extremistischen Parteien nicht alle Elemente der demokratischen Verfassungsstaaten beseitigen wollen, trachten sie in bestimmten Bereichen nach fundamentalen Veränderungen, seien es Forderungen wie z. B. im Rechtsextremismus zur Ausländergesetzgebung, seien es Forderungen im Linksextremismus nach Abschaffung der Marktwirtschaft.

Problematisch ist zum ersten, dass es den etablierten Parteien bei Kooperationen mit extremistischen Kräften große Mühe macht, sich von solchen Positionen zu distanzieren. Zum zweiten erlangen sie ein gewisses Maß an Reputation, werden allenfalls als nicht politikfähig, nicht aber als nicht demokratiefähig abgelehnt. Zum dritten steigt mit ihrer Aufwertung die gesellschaftliche Verankerung des politischen Extremismus. Wenn extremistische Parteien weder politisch noch öffentlich noch medial geächtet werden, nehmen sie stärkeren Einfluss auf die gesellschaftlichen Diskurse und sorgen für die Verbreitung ihrer extremistischen Positionen in der Bevölkerung. Das prägt in manchen Ländern mit erfolgreichen rechtsextremen Parteien (Dänemark, Niederlande, Polen, Slowakei, Ungarn) die Mehrheitsmeinung derart, dass nationalistische Parolen auch zum politischen Kalkül demokratischer Parteien gehören.

Die meisten erfolgreichen linksextremen Parteien, wie in Deutschland und Frankreich, werden in großen Teilen der Öffentlichkeit kaum als solche wahrgenommen, geschweige denn kritisiert. Extremisten müssen die Demokratie vollständig ablehnen. Die Gefahr durch extremistische Parteien liegt insgesamt weniger in der Abschaffung der demokratischen Ordnungen und in der Errichtung autoritärer politischer Systeme, sondern vor allem in der verstärkten gesellschaftlichen Polarisierung, in der vielfach zu beobachtenden Verrohung des politischen Klimas und in der Relativierung der nationalen bzw. kommunistischen Geschichtsbilder.

Besonders die Impulse für die militant-gewaltbereiten Szenen stellen ein Problem für die innere Sicherheit der europäischen Staaten dar. Allerdings lässt sich nicht automatisch von den Erfolgen extremistischer Parteien auf das Ausmaß politisch motivierter Gewaltaktionen schließen. In manchen Ländern genießen die gewaltorientierten Szenen Sympathien und Unterstützung von den extremistischen Parteien. In anderen Staaten sind militante Gruppierungen gerade wegen des Fehlens einer erfolgreichen Partei von Bedeutung. Erfolg versprechende Gegenstrategien lassen sich im internationalen Vergleich kaum erkennen. Die Integration extremistischer Organisation kann zwar deren Mäßigung bewirken, zugleich besteht darin die Gefahr, antidemokratische Positionen salonfähig zu machen. Umgekehrt kann zwar die Stigmatisierung extremistischer Parteien auf elektoraler Ebene erfolgreich sein, doch gerade dies schafft möglicherweise größere Sympathisantenkreise jenseits klassischer Wählermilieus. Gleiches gilt für Parteien- und Organisationsverbote.

Eine extremismustheoretisch inspirierte Lösung gerät in ein nahezu zwangsläufiges Dilemma: Wer von weichen extremistischen Parteien verlangt, sich gegenüber militanten Formationen abzugrenzen, riskiert die Radikalisierung militanter Splittergruppen, deren Einbindung und Mäßigung preisgegeben wird. Ob Integration oder Ausgrenzung – der aus normativer Perspektive „richtige" Umgang mit politischem Extremismus lässt sich aufgrund seiner vielfältigen Erscheinungsformen, wegen der Mehrdimensionalität nationaler Rahmenbedingungen und seiner zahlreichen gesellschaftlichen Entstehungsursachen kaum verallgemeinern. Auf der Suche nach Lösungswegen zur Eindämmung extremistischer Bestrebungen scheint die qualitative Einzelfallforschung besser geeignet zu sein als eine vergleichende Vorgehensweise.

Die Signale, welche von der politischen und sozialen Bedrohung des Extremismus ausgehen, sind für den Zusammenhalt der europäischen Gesellschaften doppelt schädlich: Zum einen bleiben extremistische Positionen keine Randerscheinung, wiewohl die politische Mitte in allen europäischen Staaten gefestigt genug zu sein scheint, dass es extremistischen Bestrebungen aller Art weiterhin an Mehrheitsfähigkeit fehlen wird. Doch prägen sie im Bewusstsein vieler Menschen latente antidemokratische Einstellungsmuster und Vorurteile gegenüber den demokratischen Werten. Zum anderen löst die Polarisierung der politischen Arena feindselige Reaktionen auf Seiten der jeweils anderen Extremismusvarianten aus. Das gilt nicht nur für das Verhältnis von Rechts- und Linksextremismus.

Seit dem Ende des „Endes der Geschichte" am 11. September 2001 sind sich Politiker, Sicherheitsexperten und Militärs in aller Welt einig, dass der islamisti-

sche Fundamentalismus momentan die größte Gefährdung der demokratischen Systeme darstellt. Wer auf die Staaten der Europäischen Union blickt, muss diese Einschätzung relativieren. Auch hier hinterließ der islamistische Terrorismus traurige Spuren, wovon hunderte Tode bei Anschlägen auf Nahverkehrseinrichtungen in London und Madrid zeugen. Bemisst man die Gefährdung durch extremistische Bestrebungen jedoch allein an der Zahl der Opfer, zeigt sich ein anderes Bild:
Durch den regionalistischen Separatismus in Nordirland und im Baskenland haben weit mehr Menschen ihr Leben verloren als durch den terroristischen Rechts- und Linksextremismus sowie den islamistischen Fundamentalismus in allen EU-Staaten zusammen. Zugleich befeuert der radikale Islamismus den gewalttätigen Rechtsextremismus, entlang der Konfliktlinie „Proisraelisch versus Antizionistisch", zum Teil auch den militanten Linksextremismus. Muslime gelten mittlerweile nicht nur in rechtsextremen Kreisen als größte Bedrohung der europäischen „Volks- und Kulturgemeinschaften". Militante Nationalisten profitieren von wachsenden islamfeindlichen Ressentiments in den europäischen Bevölkerungen. Ein steigendes Maß an rechtsextremer Gewalt korreliert wiederum mit wachsender Militanz von Linksaußen, und umgekehrt.

Europa am Rande autoritärer Restaurierung oder alles eitel Sonnenschein? Weder gilt das Eine noch das Andere. Die gute Nachricht: In allen Staaten der Europäischen Union scheint die Zeit autokratisch-pseudodemokratischer Systemvorstellungen vorbei zu sein, obwohl noch immer erhebliche regionale Unterschiede in den Ausprägungen der demokratisch politischen Kulturen existieren. Extremistische Parteien – egal ob harter oder weicher Ausrichtung – besitzen kein ausreichend großes Stimmen- und Sympathisantenpotenzial, um die freiheitlich-demokratischen Ordnungen der Länder zu gefährden. Die europäische Integration ist im gesamten EU-Raum mittlerweile so weit fortgeschritten, dass eine Umkehr des Weges nirgends ernsthaft Aussicht hat. Totalitäre Ideologien gehören der Vergangenheit an, die von breiten Bevölkerungsmehrheiten in allen EU-Ländern abgelehnt werden, nicht aber – und damit zur Kehrseite der Freiheit – von gewalttätigen Minderheiten. Diese stellen keine politische, wohl aber eine erhebliche gesellschaftliche Bedrohung dar. Dass es innerhalb Europas Gebiete gibt, in denen sich Menschen wegen ihrer Herkunft, Rasse oder politischen Einstellung nicht frei bewegen können, dass militante Gruppierungen mancherorts lokale Selbstverwaltungsstrukturen aufgebaut haben und bei ihren Aktionen zivile Opfer in Kauf nehmen, dass Terroristen in Hinterzimmern von Vereinen und Gebetshäusern an Sprengsätzen basteln, dämpft die Erfolgsbilanz der Demokratie in Europa.

Scheint ein gewisser Bodensatz an Extremismus in der Demokratie unvermeidlich zu sein, kann die Konsequenz – nämlich damit leben zu müssen – nur für legalistisch agierende Extremismen gelten, nicht jedoch für militante Phänomene. Politisch motivierter Gewalt – egal aus welcher Richtung – ist mit aller Entschlossenheit und mit sämtlichen Mitteln des Rechtsstaats zu begegnen. Blickt man auf die konkreten Zustände „vor Ort", wäre einigen Staaten ein wenig mehr Wehrhaftigkeit gegenüber dem politischen Extremismus zu wünschen, wiewohl es einem Drahtseilakt gleicht, die Balance zwischen verstärkten Sicherheitsmaßnahmen einerseits und der Wahrung individueller Freiheitsrechte andererseits zu halten.

Die Bundesrepublik Deutschland nimmt in gewisser Weise durch die Konzeption der streitbaren Demokratie eine Sonderstellung ein. Andere Länder kennen ein solches Instrumentarium in dieser ausgefeilten Form nicht. Als extremistisch gelten auch Gruppierungen, die weder Gewalt anwenden noch zu Gewalt aufrufen. Das ist eine Reaktion auf die erfolgreiche Legalitätstaktik des Nationalsozialismus. Mit der leidvollen Geschichte der NS-Diktatur und deren Verbrechen hängt wesentlich auch zusammen, dass der parteiförmige Rechtsextremismus in Deutschland weithin ein Schattendasein fristet im Vergleich zu vielen anderen Ländern.

V. Schlussbetrachtung

Nur langsam löst sich das hiesige „Stabilitätstrauma"[31] auf. Dabei kann die zweite deutsche Demokratie ungeachtet mancher Defizite gelassen in die Zukunft schauen. Sie hat gravierende Probleme gemeistert und gerade dadurch höchst unterschiedliche Formen des Extremismus „entwaffnet". Die Fixierung auf den Extremismus darf nicht zu einer Vernachlässigung der Schwächen des demokratischen Verfassungsstates führen. Der „harte" Rechtsextremismus der NPD ist schwächer und weithin geächtet, der „weiche" Linksextremismus der Linken ist stärker und partiell geachtet. Wäre dies umgekehrt, so läge eine Krise der Demokratie vor. Es ist eine Paradoxie: Trotz der Schwäche des Extremismus rufen Diskussionen über ihn immer wieder heftige Auseinandersetzungen hervor.[32] Auch das ist eine Last der Vergangenheit. In Deutschland lassen

---

[31] So Kurt Sontheimer: Wie stabil sind die pluralistischen Demokratien Westeuropa?, in: Gesine Schwan (Hg.), Bedingungen und Probleme politischer Stabilität, Baden-Baden 1988, S. 35-48, hier S. 46.

[32] Vgl. etwa Mathias Brodkorb (Hg.): Extremistenjäger!? Der Extremismus-Begriff und der demo-

sich der Rechtsextremismus und der Linksextremismus klar voneinander abgrenzen. Dabei ist der „Antifaschismus" von Linksextremisten weitaus stärker als der „Antikommunismus" von Rechtsextremisten. Mehr noch: Der heutige Rechtsextremismus ist in der Bundesrepublik wahrlich nicht auf den Kommunismus fixiert. Die Feindbilder sind asymmetrisch.[33]

Auch in den anderen „alten" EU-Staaten ist der Gegensatz zwischen rechts- und linksextremistischen Gruppierungen klar zu ziehen. Hingegen fällt für viele Staaten Osteuropas eine Vermengung rechter und linker Ideologiefragmente auf. Linksaußenparteien können nationalistisch sein, Rechtsaußenparteien betont sozialprotektionistisch.[34] Der islamistische Fundamentalismus gilt deshalb als Gefahr, weil seine Anschläge den Tod vieler Menschen zur Folge haben. Dies trifft ebenso für die Aktionen der baskischen ETA wie (jedenfalls bis zum Ende des letzten Jahrhunderts) für die nordirische IRA zu.

Wer die Forschung zum Rechts- und Linksextremismus sowie zum islamistischen Fundamentalismus sichtet, muss den Sachverhalt bedauern, dass die antidemokratischen Aktivitäten oft nicht als Einheit gesehen werden. So wird die Kommunismusforschung neben der Rechtsextremismusforschung und der Islamismusforschung betrieben. Extremismusforschung hingegen zielt darauf, den – unterschiedlich motivierten – antidemokratischen Charakter hervorzuheben. Allerdings legitimiert sich der demokratische Verfassungsstaat nicht in erster Linie durch die Abgrenzung vom Extremismus, sondern durch Werte wie Toleranz, Liberalität, Pluralismus und Weltoffenheit. Der demokratische Verfassungsstaat, und damit wird der Bogen zum Beginn geschlagen, stellt auch eine Herausforderung für den Extremismus dar.

---

kratische Verfassungsstaat, Banz 2011.

[33] Vgl. Eckhard Jesse: Feindbilder im Extremismus, in: Uwe Backes/Alexander Gallus/Eckhard Jesse (Hg.): Jahrbuch Extremismus & Demokratie, Band 23, Baden-Baden 2011, S. 13-36.

[34] Vgl. Tom Thieme: Hammer, Sichel, Hakenkreuz. Parteipolitischer Extremismus in Osteuropa. Entstehungsbedingungen und Erscheinungsformen, Baden-Baden 2007.

Carmen Everts

Die Konzeption der Streitbaren Demokratie -
Die Grenzen der Freiheit und das "demokratische Dilemma"[1]

I. Einleitung

1. Problemstellung und Aufbau

"Wenn wir die unbeschränkte Toleranz sogar auf die Intoleranten ausdehnen, wenn wir nicht bereit sind, eine tolerante Gesellschaftsordnung gegen die Angriffe der Intoleranz zu verteidigen, dann werden die Toleranten vernichtet werden und die Toleranz mit ihnen."[2] Als Karl Raimund Popper 1945 mit diesen eindringlichen Worten vor den Feinden der offenen Gesellschaft warnte, waren Hitler und die Nationalsozialisten gerade erst besiegt worden. Die grundlegende Frage, wie ihre Schreckensherrschaft hätte verhindert werden können und wie eine freiheitliche Ordnung gegen neue totalitäre Gefahren zu schützen sei, bewegt Sozialwissenschaftler wie Verfassungsrechtler seitdem.

Einerseits sind die Freiheitsrechte der demokratischen Verfassung ihrer Tradition und ihrem Selbstverständnis nach eine Garantie für die freie soziale und politische Betätigung des Einzelnen und somit die wichtigste Schutzbarriere vor staatlichen Eingriffen, andererseits erlaubt kaum eine moderne Demokratie Agitation und Kampf gegen die eigene Grundordnung und setzt der politischen Betätigungsfreiheit Grenzen. Die von Land zu Land variierenden Abwehrinstrumentarien gegen systemfeindliche Opposition unterscheiden sich allerdings in ihrem Schutzobjekt.[3] Die rechtlichen Vorkehrungen in der überwiegenden Zahl der westlichen Demokratien (so z.B. in Frankreich oder den Vereinigten Staaten) können als Staatsschutz charakterisiert werden, der wertneutral auf die

---

[1] Dieser Text ist die überarbeitete und aktualisierte Fassung meines Beitrags: Die Konzeption der Streitbaren Demokratie - Das "demokratische Dilemma" in dem Buch von Eckhard Jesse/Steffen Kailitz (Hg.): Prägekräfte des 20. Jahrhunderts – Demokratie, Extremismus, Totalitarismus, Baden-Baden 1997, S. 59-81.

[2] Karl R. Popper: Die offene Gesellschaft und ihre Feinde. Bd. I: Der Zauber Platons, 7. Aufl., Tübingen 1992, S. 333.

[3] Zur streitbaren Demokratie in international vergleichender Perspektive siehe u.a. Gregor Paul Boventer: Grenzen politischer Freiheit im demokratischen Staat. Das Konzept der streitbaren Demokratie in einem internationalen Vergleich, Berlin 1985; Helmut Steinberger: Konzeption und Grenzen freiheitlicher Demokratie, Berlin 1974; Isabelle Canu: Der Schutz der Demokratie in Deutschland und Frankreich. Ein Vergleich des Umgangs mit politischem Extremismus vor dem Hintergrund der europäischen Integration, Opladen 1997.

Erhaltung der politischen Ordnung zielt. Demgegenüber ist das deutsche Grundgesetz Ausdruck einer wertgebundenen Wehrhaftigkeit, die sich als Verfassungs- oder deutlicher noch als Demokratieschutz definieren lässt.

Mit der Annahme des Grundgesetzes durch den Parlamentarischen Rat am 23. Mai 1949 wurde in der Bundesrepublik das Bekenntnis zum Schutz der Menschenwürde und zu unverletzlichen und unveräußerlichen Menschenrechten konstitutionell verankert. Nach den Erfahrungen mit der scheinlegalen Machterlangung und dem zwölfjährigen Terror der Nationalsozialisten folgte der Verfassungsgeber der Grundüberzeugung, dass es vorstaatliche, von Zeit und Raum unabhängige, universelle Rechtsgrundsätze gibt, die jeder totalitären Herrschaft die Legitimation entziehen und ihr Handeln als Unrecht definieren.[4] Um diesem Willen Nachdruck zu verleihen und sich gegenüber einer künftigen totalitären Bedrohung des Grundkonsenses zu wappnen, wurde die Wertgebundenheit der Verfassung mit einer Wehrhaftigkeit verknüpft. Verfassungsfeindliches Verhalten kann nicht nur geahndet werden, wenn es strafrechtlich relevant ist, sondern auch dann, wenn es sich formal im Rahmen der Gesetze bewegt. Durch die Konzeption der streitbaren Demokratie wurde im Grundgesetz die „eigene Ordnungsidee und Legitimationsgrundlage zum verpflichtenden Bestandteil der Legalordnung gemacht"[5], wie Ernst-Wolfgang Böckenförde resümiert.

Diese Form des Demokratieschutzes ist in ihrer Verfassungskonzeption und Anwendung umstritten: Für Leggewie und Meier steht in ihrer harschen Kritik an der streitbaren Demokratie das „verkürzte Demokratieverständnis (...) zur Disposition, nicht nur die Ämter für Verfassungsschutz".[6] Paradoxerweise wird mit den Instrumenten der streitbaren Demokratie im Falle eines Missbrauchs der politischen Freiheit für extremistische Ziele in die zu schützenden, im Kern per definitionem unantastbaren Grundrechte eingegriffen.[7] Karl Loewenstein spricht bezogen auf die bundesrepublikanische Schutzkonzeption von der „Krise der Freiheitsrechte in der konstitutionellen Demokratie".[8] Erhard Denninger stellt in Frage, „ob der Typus der rechtsstaatlich-freiheitlichen und zugleich

---

[4] Zum antitotalitären Grundkonsens des Parlamentarischen Rates vgl. einführend Stephan Eisel: Minimalkonsens und freiheitliche Demokratie. Eine Studie zur Akzeptanz der Grundlagen demokratischer Ordnung in der Bundesrepublik Deutschland; Paderborn u.a. 1986, S. 95-124.

[5] Ernst-Wolfgang Böckenförde: Staat, Verfassung, Demokratie. Studien zur Verfassungstheorie und zum Verfassungsrecht, Frankfurt a.M. 1991, S. 278.

[6] Claus Leggewie und Horst Meier: Die Berliner Republik als streitbare Demokratie? Vorgezogener Nachruf auf die freiheitlich-demokratischen Grundordnung, in: Blätter für deutsche und internationale Politik 37 (1992), S. 598-604, 599.

[7] So u.a. die Kritik der Internationalen Liga für Menschenrechte: „Streitbare Demokratie" gegen „Rechtsextremismus"?, in: Vorgänge 32 (1993), Heft 1, S. 112-115.

[8] Karl Loewenstein: Verfassungslehre, Tübingen 1969, S. 348 sowie S. 350-357.

,streitbaren' Demokratie in der traditionellen staatsrechtlichen Begrifflichkeit überhaupt als ein in sich konsistentes Modell" betrachtet werden könne.[9] Spiegelt die streitbare Demokratie nicht den unauflösbaren Grundwiderspruch zwischen Freiheit und Gleichheit wider, weil sie zwischen dem Freiheitsanspruch des Individuums und den berechtigten Schutzinteressen der demokratisch verfassten Gemeinschaft im Ganzen - und damit auch den Freiheitsansprüchen der anderen - vermitteln muss?[10] Warum werden mit dem Konzept der streitbaren Demokratie Grenzen der Freiheit definiert, obwohl das Grundgesetz doch den konstitutionellen Rahmen einer offenen Gesellschaft abbilden soll?

Dieser Beitrag will der Diskussion dieses tatsächlichen oder vermeintlichen „demokratischen Dilemmas" und seinem Niederschlag in der deutschen Verfassungsordnung nachspüren. Angesichts des starken historischen Bezugs des Grundgesetzes soll in einem ersten Schritt die Diskussion um die Gründe des Scheiterns der Weimarer Republik einerseits, die damit verknüpften Fragen nach dem Demokratieschutz und dem „demokratischen Dilemma" andererseits vorgestellt werden (Kapitel II). Im Folgenden wird die Konzeption und die Anwendung der streitbaren Demokratie in der Bundesrepublik Deutschland beleuchtet. Dabei sei zunächst hervorgehoben, welches Demokratieverständnis der Parlamentarische Rat nach den historischen Erfahrungen dem Grundgesetz zugrunde gelegt hat, um darauf aufbauend den Schutz dieser Wertgrundlage durch die Instrumente der streitbaren Demokratie und ihre Anwendung sowie die gegen sie vorgebrachte Kritik zu analysieren (Kapitel III). Schließlich werden die wesentlichen Aspekte streitbarer Demokratie zusammengefasst und in einem Ausblick weiterführende Diskussionsfelder für einen angemessenen Schutz der demokratisch verfassten Gesellschaft aufgezeigt (Kapitel IV).

2. Forschungsstand

Die Konjunktur der wissenschaftlichen Auseinandersetzung mit der streitbaren Demokratie stand stets in enger Abhängigkeit von der aktuellen rechtlichen Umsetzung und politischen Diskussion ihres Instrumentariums. In den beiden Jahrzehnten nach Gründung der Bundesrepublik wurde die Frage nach dem Verfassungsschutz zunächst in der Literatur kaum berücksichtigt. Hella Mandt führt dies einerseits auf die bis in die sechziger Jahre hineinreichende, unange-

---

[9] Erhard Denninger: Freiheitsordnung – Wertordnung – Pflichtordnung. Zur Entwicklung der Grundrechtsjudikatur des Bundesverfassungsgerichts, in: Juristenzeitung 18 (1975), S. 545-550, 548f.

[10] Zur Frage des Spannungsverhältnis von Freiheit und Gleichheit vgl. u.a. die Beiträge in: Leonhard Reinisch (Hg.): Freiheit und Gleichheit oder: Die Quadratur des Kreises, München 1974.

fochtene zeitgeschichtliche Evidenz der streitbaren Demokratie, andererseits auf die damalige Bedeutungslosigkeit gewaltfrei vorgehender antidemokratischer Bestrebungen zurück.[11] Auch nach den Verbotsurteilen des Bundesverfassungsgerichtes gegen die Sozialistische Reichspartei (SRP) 1952 und gegen die Kommunistische Partei Deutschlands (KPD) 1956 fand die Problematik der Zweckmäßigkeit von Parteiverboten in den sechziger Jahren nur mäßiges wissenschaftliches Interesse. Erst in den zurückliegenden Jahren rückt dieses Instrument der streitbaren Demokratie durch die Frage eines Verbots der NPD wieder in den Fokus der Diskussion. Demgegenüber standen die siebziger Jahre im Anschluss an den „Extremistenbeschluss" 1972 ganz im Zeichen der zum Teil polemisch geführten Debatte um die sogenannten Berufsverbote[12], heute ein kaum noch beachtetes Thema.

In der Literatur zur streitbaren Demokratie überwiegen folglich neben den institutionskundlichen und staatsrechtlichen Abhandlungen über den Verfassungsschutz die – zumeist auf aktuelle Fälle bezogenen – Arbeiten zur Anwendungspraxis des Demokratieschutzes. Mit den Grundlagen der streitbaren Demokratie beschäftigen sich nur wenige Autoren, von denen insbesondere Eckhard Jesse (1981), Johannes Lameyer (1978), Horst Meier (1993) und Thomas Ordnung (1985) zu nennen sind. [13] Die Darstellung Jesses, eines erklärten Befürworters dieser Schutzkonzeption, gibt einen kurzen, aber informativen Abriss über die Absichten der Verfassungsgeber und die Anwendungspraxis der Instrumente streitbarer Demokratie, insbesondere über die Aufgaben der Nachrichtendienste und die Zulassungsproblematik im öffentlichen Dienst.

Lameyer zieht dagegen in seiner verfassungshermeneutischen Studie einen Bogen von der Rechtssprechung zur Verfassungs- und Demokratietheorie. Er hält eine staatsrechtliche Sichtweise der streitbaren Demokratie für verkürzt und betont die Bürgerverantwortung beim Demokratieschutz. Auch Thomas

---

[11] Hella Mandt: Grenzen politischer Toleranz in der offenen Gesellschaft. Zum Verfassungsgrundsatz der streitbaren Demokratie, in: Aus Politik und Zeitgeschichte, B3/78.

[12] Vgl. u.a. Martin Kutscha: Verfassung und „streitbare Demokratie". Historische und rechtliche Aspekte der Berufsverbote im öffentlichen Dienst, Köln 1979; Wulf Schönbohm (Hg.): Verfassungsfeinde als Beamte? Die Kontroverse um die streitbare Demokratie, München 1979. Siehe auch den Literaturüberblick bei Eckhard Jesse: Streitbare Demokratie – oder was sonst?, in: Wolfgang Michalka (Hg.): Extremismus und streitbare Demokratie, Stuttgart 1987, S. 29-70.

[13] Vgl.: Eckhard Jesse: Streitbare Demokratie: Theorie, Praxis und Herausforderungen in der Bundesrepublik Deutschland, Berlin 1981; Johannes Lameyer: Streitbare Demokratie. Eine verfassungshermeneutische Untersuchung, Berlin 1978; Horst Meier: Parteiverbote und demokratische Republik. Zur Interpretation und Kritik des Art. 21 Abs. 2, Baden-Baden 1993; Thomas Ordnung: Zur Praxis und Kritik des präventiven Demokratieschutzes. Darlegungen zum Problem der „streitbaren Demokratie" und seinem verfassungsrechtlichen, politischen und historischem Umfeld am Beispiel des Parteiverbots, 2 Bde., Berlin 1985.

Ordnung zieht in seiner materialreichen, zweibändigen Dissertation über das Parteienverbot einen Bogen von der staatsrechtlichen und politiktheoretischen Diskussion zur streitbaren Demokratie bis hin zu ihren ideengeschichtlichen Bezugspunkten. Der Autor möchte aufzeigen, dass die streitbare Demokratie keine Besonderheit des 20. Jahrhunderts darstellt und geistige Vorläufer bis in die Antike aufweist. Die fehlende Auseinandersetzung mit Karl Loewensteins Beitrag zur Konzeption der streitbaren Demokratie ist allerdings ein Manko seiner Arbeit.

Horst Meier zählt zu den schärfsten Kritikern, aber auch fundierten Kennern der streitbaren Demokratie. In seiner Untersuchung über Art. 21 Abs. 2 des Grundgesetzes diskutiert er anhand der Parteienverbote sowohl rechtlich wie verfassungspolitisch und demokratietheoretisch die Problematik der streitbaren Demokratie und plädiert – basierend auf einer radikaldemokratischen Haltung – dafür, die Ahndung extremistischer Parteiaktivitäten an eine Strafrechtsverletzung zu knüpfen. Zusammen mit Claus Leggewie hat Meier diesen Gedanken weiter verfolgt. Der in ihren Überlegungen zum „Republikschutz" geforderte offene Diskurs, der allein bei der Anwendung von Gewalt zur Durchsetzung extremistischer Ziele seine Schranken finden soll, wird allerdings nicht konsequent vertreten.[14] Abweichend von ihrem Credo der allseitigen Offenheit plädieren sie für ein generelles Verbot neonationalsozialistischer Organisationen. Auch Hans-Gerd Jaschke, der sich dem Themenkomplex vor allem in seiner Studie „Streitbare Demokratie und Innere Sicherheit" gewidmet hat, zählt zu den Kritikern des staatlichen Demokratieschutzes in Deutschland. Er fordert, dass sich die wissenschaftliche wie politische Auseinandersetzung mit der Systemopposition weniger der Stigmatisierung und Ausgrenzung der Extremisten als vielmehr der Untersuchung der Entstehungsbedingungen sozialen Protests widmen soll.[15]

Zur Frage der Intention der Verfassungsgeber, die ein Maßstab zur Beurteilung der Kontroverse um die streitbare Demokratie sein kann, ist die detaillierte Untersuchung von Armin Scherb aus dem Jahr 1987 von Interesse, der die Diskussion um den präventiven Demokratieschutz nach 1945 anhand der Protokolle des Parlamentarischen Rates und der verfassungsgebenden Versammlungen der westdeutschen Länder rekonstruiert.[16] Auch Karlheinz Niclauß' Studie zur

---

[14] Vgl. Claus Leggewie/Horst Meier: Republikschutz. Maßnahmen für die Verteidigung der Republik, Reinbek 1995, S. 17.

[15] Vgl. Hans-Gerd Jaschke: Streitbare Demokratie und Innere Sicherheit. Grundlagen, Praxis und Kritik, Opladen 1991, S. 43-49 und 52-57.

[16] Vgl. Armin Scherb: Präventiver Demokratieschutz als Problem der Verfassungsgebung nach 1945, Frankfurt a.M. 1987.

Demokratiegründung in Westdeutschland sei an dieser Stelle erwähnt, da sie ebenfalls aufschlussreiche Einblicke in die demokratietheoretischen und verfassungspolitischen Argumentationslinien bei der Konstituierung der Bundesrepublik Deutschland bietet.[17]

II. Historische Bezugspunkte:
Weimar und die Staatsrechtslehre der Zwischenkriegszeit

1. Das Scheitern der ersten deutschen Demokratie.

Ausgangspunkt für eine Auseinandersetzung mit der streitbaren Demokratie und ihrem Freiheitsverständnis soll ein Blick auf die Gründe des Scheiterns der Weimarer Republik und die damit verbunden verfassungs- und demokratietheoretische Diskussion des „demokratischen Dilemmas" in den dreißiger und vierziger Jahren des 20. Jahrhunderts sein. Diese Diskussion ist vor allem mit den Namen Karl Loewenstein und Karl Mannheim verbunden.[18]

Der starke Bezug auf den Untergang der Weimarer Republik und die NS-Diktatur ist ein bestimmender Wesenszug des Demokratieschutzgedankens im 20. Jahrhundert. Die Schöpfer des Grundgesetzes haben bei der Verfassungsverankerung des Konzeptes der streitbaren Demokratie, wie Steinberger formuliert, „in bewusster Reaktion auf die Zerstörung der Weimarer Republik durch die antidemokratisch-totalitären Kräfte und die totalitären Herrschaftsformen der jüngsten Vergangenheit"[19] gehandelt. Dieser historische Kontext des „Nie wieder" ist bei der Beurteilung der streitbaren Demokratie nicht außer Acht zu lassen.

Der Niedergang der Weimarer Republik war nach Ansicht des zeitgenössischen Verfassungsrechtlers Loewenstein systemimmanent vorgezeichnet: „Democracy was doomed to failure from the beginning because it was pacifist instead of militant."[20] Vor allem in der Weimarer Reichsverfassung und ihrem Wertrelati-

---

[17] Vgl. Karlheinz Niclauß: Demokratiegründung in Westdeutschland. Die Entstehung der Bundesrepublik von 1945-1949, München 1974.

[18] Vgl. Karl Loewenstein: Militant Democracy and Fundamental Rights, in: American Political Science Review 31 (1937), S. 417-433 und 638-658; Karl Mannheim: Diagnosis of Our Time. Wartime Essays of a Sociologist, London 1943, insb. S. 4-8.

[19] Steinberger (Anm. 3), S. 6.

[20] Karl Loewenstein: Autocracy versus Democracy in Contemporary Europe, in: American Political Science Review 29 (1935), S. 571-593, 580.

vismus erblickte er den zentralen Mangel für eine erfolgreiche Zurückweisung totalitärer Kräfte, wie er an gleicher Stelle formuliert: „The democratic constitution became the main obstacle against ist maintenance and the best tool for ist destruction." Seine These des selbstverschuldeten Untergangs der Weimarer Republik, die sich auf (angebliche) Strukturschwächen der Verfassung stützt, bedarf allerdings der Überprüfung.

Als eine Schwäche der Weimarer Verfassung (WRV) galt zum einen die starke Stellung des Reichspräsidenten, den der Staatsrechtler Leo Wittmayer pointiert als „das seltsamste politische Lebewesen, das je die deutsche Erde getreten hat"[21], charakterisierte. Als Widerpart des Parlaments konzipiert verfügte er vor allem durch das Recht der Parlamentsauflösung (Art. 25 WRV) und in noch stärkerem Maße durch die sogenannte Diktaturgewalt des Art. 48 WRV über eine Kombination von Befugnissen, die sich „zu einer Präsidalregierung eigener Art ausbauen ließ, wie die Zukunft lehren sollte."[22] Gerade mit dem Notstandsartikel 48, der zur Aufrechterhaltung von Sicherheit und Ordnung u.a. die Außerkraftsetzung der Presse-, Versammlungs- und Vereinigungsfreiheit ermöglichte, wurde der Schutz der demokratischen Ordnung vom Willen und Initiative des Reichspräsidenten abhängig gemacht – eine Verfassungsentscheidung mit fatalen Folgen.

Auch die plebiszitären Elemente der Verfassung, die Möglichkeiten des Volksbegehrens und des Volksentscheids nach Art. 73 WRV sowie die Wahl des Reichspräsidenten durch das Volk nach Art. 41 WRV werden als Schwachstellen der Weimarer Reichsverfassung angeführt, da sie „zur Schwächung des ungefestigten parlamentarischen Systems"[23] beitrugen. Dem ist allerdings entgegenzuhalten, dass weniger die Elemente direkter Demokratie selbst als vielmehr das politische Umfeld und der fehlende demokratische Rückhalt wesentliche Ursachen der folgenden Entwicklung sind.

Den Kardinalfehler der Weimarer Reichsverfassung erblicken viele Forscher in ihrer Wertneutralität, wie sie in der offenen Gestaltung einer möglichen Verfassungsänderung deutlich wird.[24] Art. 76 WRV knüpfte eine Verfassungsänderung

---

[21] Leo Wittmayer zitiert nach Hans Boldt: Die Weimarer Reichsverfassung, in: Karl Dietrich Bracher/Manfred Funke/Hans-Adolf Jacobsen (Hg.): Die Weimarer Republik 1918-1933. Politik, Wirtschaft, Gesellschaft, 2. Aufl., Bonn 1987, S. 52.

[22] Ebd., S. 53. In gleicher Weise argumentiert auch Friedrich Karl Fromme: Von der Weimarer Verfassung zum Grundgesetz, Tübingen 1960, S. 121, der in der Weimarer Verfassung ein geschlossenes „Gebäude der Präsidialregierung" sieht.

[23] Jesse (Anm. 13), S. 10.

[24] So u.a. Fromme (Anm. 22), S. 177.

zwar an ein qualifiziertes Quorum (Zweidrittelmehrheit), inhaltlich stand aber jeder Verfassungsartikel zur Disposition ohne Rücksicht auf Stossrichtung oder politische Tragweite der Änderung. Diese formale Toleranz war die in der Staatsrechtswissenschaft der Weimarer Republik vorherrschende Lehre, gerade auch bei Verfassungsrechtlern wie Gustav Radbruch oder Hans Kelsen, die sich demokratischen Prinzipien verpflichtet fühlten.

Nach ihrem Demokratieverständnis „ist der *Relativismus* die Weltanschauung, die der *demokratische* Gedanke voraussetzt. Demokratie schätz (demnach) den politischen Willen jedermanns *gleich* ein, wie sie auch jede politische Meinung, deren Ausdruck ja nur der politische Wille ist, gleichermaßen achtet. Darum gibt sie jeder politischen Überzeugung die gleiche Möglichkeit, sich zu äußern und im freien *Wettbewerb* um die Gemüter der Menschen sich geltend zu machen."[25] Gerade diese allseitige Offenheit erschwerte die Verteidigung der Republik gegen ihre erklärten Feinde, räumte sie doch auch ihnen alle Vorzüge der demokratischen Ordnung ein, insbesondere die Beteiligung an der politischen Willensbildung bis hin zur Regierungsverantwortung.

Demgegenüber warnte ausgerechnet der später dem Nationalsozialismus nahestehende Staatsrechtler Carl Schmitt 1932 vor diesem „inhaltlich indifferenten, selbst gegen seine eigene Geltung neutralen, von jeder materiellen Gerechtigkeit absehenden Legalitätsbegriff", der eine „Neutralität bis zum Selbstmord" zur Folge habe.[26] Fuchs und Jesse haben zu Recht darauf verwiesen, dass Schmitts Kritik am Wertrelativismus kein Beleg für ein Bemühen um die Erhaltung der demokratischen Substanz der Weimarer Verfassung war. Mit seinem antiliberalen, identitären Demokratieverständnis argumentierte er vielmehr für ein autoritäres Präsidialsystem als Gegenpol zur sogenannten „pluralistischen Aufsplitterung" (Schmitt) des Parlamentarismus.[27]

Im Reichstag konnten sich die Nationalsozialisten aufgrund der gegenüber jeder politischen Zielsetzung offenen Ordnung scheinbar im konstitutionell gesteckten Rahmen der Legalität bewegen. Loewenstein sieht in der „faschistischen Technik" der Machterlangung die besondere Gefährdung wertneutraler Staaten begründet: „Calculating adroitly that democracy could not, without self-

---

[25] Hans Kelsen: Vom Wesen und Wert der Demokratie, 2. Aufl., Aachen 1963, S. 101 (Hervorhebung im Original). Siehe auch Gustav Radbruch: Rechtsphilosophie, 8. Aufl., Stuttgart 1973, S. 82.
[26] Carl Schmitt: Legalität und Legitimität, 4. Aufl., Berlin 1988, S. 32 und 50.
[27] Vgl. Friederike Fuchs/Eckhard Jesse: Der Streit um die „streitbare Demokratie". Zur Kontroverse um die Beschäftigung von Extremisten im öffentlichen Dienst, in: Aus Politik und Zeitgeschichte, B 3/78, S. 17-35, 19.

abnegation, deny to any body of public opinion the full use of free institutions of speech, press, assembly and parliamentary participation, fascist exponents systematically discredit the democratic order and make it unworkable by paralyzing its functions until chaos reigns."[28] Die Nationalsozialisten selbst machten aus ihren Absichten keinen Hehl, wie ein Goebbels-Zitat aus dem Jahr 1928 belegt: „Wir gehen in den Reichstag hinein, um uns im Waffenarsenal der Demokratie mit deren eigenen Waffen zu versorgen. Wir werden Reichstagsabgeordnete, um die Weimarer Gesinnung mit ihrer eigenen Unterstützung lahmzulegen. Wenn die Demokratie so dumm ist, uns für diesen Bärendienst Freifahrkarten und Diäten zu geben, so ist das ihre eigene Sache. Ums ist jedes gesetzliche Mittel recht, den Zustand von heute zu revolutionieren."[29]

Die These der von der nationalsozialistischen Legalitätstaktik kann nur bedingt gelten. Die NSDAP konnte zwar im Parlament innerhalb des rechtlichen Rahmens der wertneutralen Verfassung legal gegen diese agieren; die tagtägliche, insbesondere im Umfeld von Wahlen ausgeübte Gewalt gegenüber ihren politischen Gegnern zeigt aber, dass die These eines nationalsozialistischen „Umsturz(es) hart innerhalb der Grenzen des Erlaubten"[30] nicht haltbar ist. Das Verfassungssystem der Weimarer Republik war längst ausgehöhlt (denkt man u.a. an den Staatsstreich gegen die preußische Regierung vom 20. Juli 1932), bevor Hitler es mit Hilfe des Ermächtigungsgesetzes überwinden konnte. Von einem verfassungsgemäßen Zustandekommen dieser Generalvollmacht kann angesichts der Annullierung der KPD-Mandate und der NS-Drohkulisse gegen die Abgeordneten ohnehin nicht die Rede sein.

Es ist zu bezweifeln, ob eine Wertgebundenheit im Sinne des bundesrepublikanischen Grundgesetzes die Machterlangung Hitlers verhindert hätte. Fromme sieht in einer solchen Bestimmung der demokratischen Grundprinzipien einer Verfassung und der damit verbundenen Brandmarkung extremistischer Gruppen als unrechtmäßig ein kleines Gewicht, das zugunsten der Demokratie den Ausschlag gäbe, wenn das staatliche Gleichgewicht zum Totalitarismus tendieren würde.[31] Dieser verfassungsgläubige Wunsch, dass konstitutionelle Wertgebundenheit allein Bestand haben und eine Diktatur verhindern könnte, überschätzt jedoch bei weitem die faktische Kraft einer Verfassung. Die Weimarer Republik wäre auch mit konstitutionell geschützten Grundprinzipien wohl kaum gegen Hitler gefeit gewesen – „lediglich das Mäntelchen der ‚Legalität', das er

---

[28] Loewenstein (Anm. 18), S. 423f.

[29] Joseph Goebbels zitiert nach Walter Tormin: Die Weimarer Republik, 7. Aufl., Hannover 1973, S. 204.

[30] Fromme (Anm. 22), S. 170.

[31] Vgl. ebd., S. 188.

sich umhängte, wäre noch etwas fadenscheiniger gewesen"[32], wie Hans Boldt treffend formuliert.

Auch der oft wiederholten These, die Weimarer Republik sei gänzlich wehrlos gegen die Feinde der Demokratie gewesen, muss widersprochen werden. Die auch in der ersten deutschen Demokratie rechtlich vorhandenen Instrumente zur Abwehr extremistischer Bestrebungen, wie das Gesetz zum Schutz der Republik von 1922, ermöglichten durchaus ein Verbot republikfeindlicher Druckschriften, Vereinigungen und Versammlungen sowie die Bestrafung von politischen Gewalttaten. Durch den vorherrschenden autoritären und demokratiefeindlichen Geist in den Reihen von Polizei, Justiz und Politik, die die zur Verfügung stehenden Mittel kaum und wenn zumeist nur gegen links gerichtet anwendeten, verfehlte der Republikschutz aber in fataler Weise seine Wirkung.[33]

Die politische Basis der Weimarer Reichsverfassung erwies sich auf Dauer als nicht tragfähig, der die Republik und ihre Verfassung tragende Konsens schwand dahin. Die fehlende Legitimationsbasis in der Bevölkerung offenbart die zentrale Schwäche der Weimarer Republik – die mangelnde Überlebensfähigkeit einer Demokratie ohne Demokraten.[34] Dem „Denkvakuum" relativistischer Unsicherheit folgte schon bald ein „Machtvakuum", das die Nationalsozialisten mit ihrer totalitären Ideologie zu füllen vermochten.[35] Nicht an den wirklichen oder vermeintlichen konstitutionellen Unzulänglichkeiten ging die erste deutsche Republik zugrunde, sondern vor allem am Fehlen der erforderlichen demokratischen Gesellschaftsstrukturen. Die Konzeption der streitbaren Demokratie hat allerdings dennoch ihre Berechtigung. Gerade auch die eine Gesellschaft tragende Verfassung übt einen nicht zu unterschätzenden Einfluss auf die politische Kultur aus, allerdings nur, wenn die in ihr festgelegten Grundwerte durch überzeugte und überzeugende Multiplikatoren in die Verfassungswirklichkeit umgesetzt werden, was in der Weimarer Republik misslang.

Ein treffendes Resümee der Diskussion um die Weimarer Reichsverfassung hat Eckhard Jesse gezogen: „ So berechtigt (...) die Warnung davor ist, die mangeln-

---

[32] Boldt (Anm. 21), S. 61.

[33] Vgl. die Untersuchung von Gotthard Jasper: Der Schutz der Republik. Studien zur staatlichen Sicherung der Demokratie in der Weimarer Republik 1922-1930, Tübingen 1963, insb. S. 128-210 und 288-292 (Wortlaut des Gesetzes: S. 293-300).

[34] Vgl. Kurt Sontheimer: Die politische Kultur der Weimarer Republik, in: Bracher/Funke/Jacobsen (Anm. 21), S. 454-464.

[35] Vgl. Karl Dietrich Bracher: Zeit der Ideologien. Eine Geschichte politischen Denkens im 20. Jahrhundert, München 1985, S. 217; ders.: Demokratie und Machtvakuum: Der Fall der Weimarer Republik 1930-1933, in: Ders.: Geschichte und Gewalt. Zur Politik im 20. Jahrhundert, Berlin 1981, S. 66-92.

den institutionellen Vorkehrungen zu überschätzen und vordergründige Parallelen zur Weimarer Republik zu ziehen (*"Weimarer Trauma"*), so hieße es fehlende Lernbereitschaft an den Tag zu legen, wollte man die damaligen Erfahrungen nicht beherzigen (*"Weimarer Lehren"*) und weiter zulassen, dass die Demokratie mit den Mitteln der Demokratie bekämpft werden kann."[36] Nicht ob, sondern wie weit die aus der Geschichte gezogenen Konsequenzen reichen sollen, steht zur Diskussion.

2. Das „demokratische Dilemma" und die *„militant democracy"*

Der von Karl Loewenstein geprägte Begriff des „demokratischen Dilemmas" beschreibt die grundsätzliche Problematik der Begrenzung politischer Freiheiten zum Selbstschutz der demokratischen Ordnung. Die Abwehr der totalitären Bedrohung der eigenen Werte und ihrer Existenz schlechthin stelle den demokratischen Staat „vor das größte Dilemma seit seiner Entstehung (...). Entschließt er sich, Feuer mit Feuer zu bekämpfen und den totalitäten Angreifern den Gebrauch der demokratischen Freiheiten zur letztlichen Zerstörungen aller Freiheiten zu verwehren, handelt er gerade den Grundsätzen der Freiheit und Gleichheit zuwider, auf denen er selbst beruht. Hält er aber an den demokratischen Grundwahrheiten auch zugunsten ihrer geschworenen Feinde fest, setzt er seine eigene Existenz aufs Spiel."[37]

Karl Raimund Popper beschreibt dieses „demokratische Dilemma" mit den Grundwidersprüchen, die der Demokratie stets innewohnen: dem „Paradoxon der Freiheit und der Demokratie" und dem „Paradoxon der Toleranz".[38] Zu den Widersprüchen der Freiheit und der Demokratie zählt er die Möglichkeit, dass sich die Mehrheit der freien Bürger für eine Herrschaft der Unfreiheit entscheiden könnte. Diese Warnung vor einer „Tyrannei der Mehrheit" (Tocqueville) berührt die in der politischen Ideengeschichte auch zuvor diskutierte Problematik, dass die Volkssouveränität zur Abschaffung der demokratischen Ordnung genutzt werden könnte.[39] Das von Popper so genannte Paradoxon der Toleranz führt diesen Gedanken weiter und beschreibt die Gefahr, dass „uneinge-

---

[36] Jesse (Anm. 13), S. 14 (Hervorhebung im Original).
[37] Loewenstein (Anm. 8), S. 348f.
[38] Vgl. Popper (Anm. 2), ins. S. 147f und S. 332-334.
[39] Vgl. Ordnung (Anm. 13), insb. S. 735-857, der Platon und Aristoteles für die Antike sowie Jefferson, Locke, Paine, Rousseau und Tocqueville für die frühe Neuzeit als Ideengeber des Demokratieschutzes nennt.

schränkte Toleranz (...) mit Notwendigkeit zum Verschwinden der Toleranz"[40] führen werde.

Auch der Soziologe Karl Mannheim warnt in seinem Essay „Diagnosis of Our Time" aus dem Jahr 1943 vor den Gefahren eines indifferenten und wehrlosen Wertrelativismus und plädiert für ein anderes Verständnis von Toleranz: „Laissez-faire Liberalism mistook neutrality for tolerance. Yet, neither democratic tolerance nor scientific objectivity means that we should refrain from taking a stand for what we believe to be true or that we should avoid the discussion of the final values and objectives in life." Die demokratische Ordnung müsse um ihrer Selbsterhaltung willen wachsam sein: „Our democracy has to become militant, if it is to survive."[41] Die wehrhafte Demokratie sollte eine neue Einstellung zu den Grundwerten des sozialen Lebens – wie Brüderlichkeit, gegenseitige Hilfe, soziale Gerechtigkeit, Freiheit, Anständigkeit und Menschenwürde – entwickeln, um den Werteverfall der Zeit zu überwinden. Den Schritt zur Postulierung einer ausgeprägten Wertgebundenheit der demokratischen Ordnung geht Mannheim jedoch nicht.

Der wohl wichtigste Beitrag zu der in der Staatsrechtslehre schon seit den zwanziger Jahren geführten Diskussion um den Demokratieschutz stammt von Karl Loewenstein, der in seinem Aufsatz *„Militant Democracy and Fundamental Rights"* aus dem Jahr 1937 der wehrhaften Demokratie Begriff und Konzeption gab.[42] Loewenstein sieht in der Wehrhaftigkeit der Demokratie, auch auf Kosten einer Begrenzung von Freiheiten, die einzige Abwehrmöglichkeit gegen die totalitären Bewegungen – besonders den Faschismus – und damit den einzigen Weg, die demokratischen Grundwerte zu schützen: „Democracy must become militant. (...) If democracy believes in the superiority of its absolute values over the opportunistic platitudes of fascism, it must live up to the demands of the hour, and every possible effort must be made to rescue it, even at the risk and cost of violating fundamental principles."[43]

Demokratieverteidigung sollte nach seinen Vorstellungen auf politischer und rechtlicher Ebene realisiert werden. Zum einen müssten – politisch gesehen – die demokratischen Einstellungen der Bürger gefestigt werden (*„esprit de corps"*) und die Demokratien selbst, national wie international, stärker zusammenarbeiten (*„cooperation of the democracies"*), zum anderen müsste aber

---

[40] Popper (Anm. 2), S. 333.
[41] Mannheim (Anm. 18), S. 7.
[42] Vgl. Loewenstein (Anm. 18), S. 417-433 und 638-658. Vgl. auch die bei Boventer nachgezeichneten Argumentationslinien der Diskussion um den Demokratieschutz (Anm. 3), S. 40-82.
[43] Loewenstein (Anm. 18), S. 423 und 432.

auch auf Seiten der Rechtsordnung eine auf die Problematik der faschistischen Legalitätstaktik eingestellte Gesetzgebung den demokratischen Staat schützen: „Political union alone, without the technical legislation, fails to achieve its purpose."[44]

Die demokratischen Staaten fordert er auf, etwas von der Militanz zu übernehmen, die ihnen von den Extremisten entgegenschlägt. Seine Aufforderung: „fire is fought with fire"[45] ist aus rechtsstaatlicher Perspektive bedenklich, da die Verhältnis- und Gesetzmäßigkeit der Mittel eine Grundbedingung auch des Demokratieschutzes sein muss. Die Forderung Loewensteins klingt allerdings weitaus „militanter" als seine sehr allgemein gehaltenen Gegenmaßnahmen. Jeder Staat solle seinen eigenen Weg zu einer wehrhaften Demokratie finden, denn es gelte jeweilige Besonderheiten zu berücksichtigen: „national traditions, economic considerations, the social stratifications, the sociological pattern and the specific juridical technique (…), as well as the trend of world politics".[46]

Das deutsche Modell der streitbaren Demokratie, das durch seine Verfassungsverankerung zu einer dauerhaften Schutzbarriere der politischen Ordnung wurde, deckt sich nicht vollständig mit Loewensteins Forderungen und wurde von ihm zu einem „keineswegs erfreulichen Kapitel in der Geschichte der Grundrechte" gezählt, in dem die Grundfreiheiten auf der Strecke blieben. Sein Modell einer *„militant democracy"* versteht er nur als ein Krisenkonzept, um sich der aktuellen totalitären Bedrohung stellen zu können. Der Staatsschutz in Form einer *„constitutional dictatorship"* müsse nach Beendigung der Gefahrensituation unverzüglich zum ursprünglichen Rechtssystem und zur vollen Gewährung der Grundfreiheiten zurückkehren.[47] Demnach sollte die streitbare Demokratie nach Auffassung Loewensteins nicht, wie das deutsche Modell, Teil der bestehenden Staats- und Rechtsordnung sein.

Zu Recht wird auf die Widersprüchlichkeit seiner Argumentation hingewiesen.[48] Einerseits besteht für ihn die totalitäre Bedrohung auch nach Ende des Zweiten Weltkrieges weiter, andererseits hält er aber auch an der Aussage fest, dass die „militant democracy" eine Krisenkonzeption ist und den Demokratien nach 1945 die Legitimation zu einer solchen Freiheitsbegrenzung fehle. Aus historischer wie politischer Perspektive ist allerdings ein Gesetzesnotstand – und nichts anderes fordert Loewenstein mit seinem Krisenkonzept – äußerst be-

---

[44] Ebd., S. 429.
[45] Ebd., S. 656.
[46] Ebd., S. 657.
[47] Vgl. Loewenstein (Anm. 8), S. 348f. Siehe auch Boventer (Anm. 3), S. 76f.
[48] Vgl. Boventer (Anm. 3), S. 70f.

denklich. Ein von der Verfassung getragener, gesetzlich verankerter und politisch wie juristisch kontrollierbarer Schutz der demokratischen Ordnung hat weitaus größere Vorzüge als ein Maßnahmenkatalog außerhalb des rechtsstaatlichen Systems der Verhältnismäßigkeit und Überprüfbarkeit. Wenn auch Unstimmigkeiten zwischen beiden Schutzkonzeptionen aufgezeigt werden konnten, bleibt doch die streitbare Demokratie in der Bundesrepublik Deutschland in ihrer Grundidee untrennbar mit der *„militant democracy"* im Sinne Loewensteins verbunden.

III. Konzeption und Anwendung:
Die streitbare Demokratie in der Bundesrepublik Deutschland

1. Zum Demokratieverständnis des Grundgesetzes

Viel zitiert ist das Diktum, das „an der Wiege des Bonner Grundgesetzes (...) die Gespenster von Weimar gestanden"[49] haben. Neben den fundamentalen Menschenrechtsverletzungen durch den nationalsozialistischen Terror und der Furcht vor dem immer manifester werdenden Totalitarismus kommunistischer Prägung hat der Parlamentarische Rat vor allem unter dem Eindruck des Scheiterns der Weimarer Republik gestanden. Ziel war die Konstituierung einer freiheitlich-demokratischen, wertgebundenen und gegenüber extremistischen Angriffen geschützten Verfassungsordnung.

In Art. 20 Abs. 1 und 2 des Grundgesetzes wird die Bundesrepublik Deutschland als ein demokratischer und sozialer Bundesstaat definiert, in dem alle Staatsgewalt vom Volk ausgeht und Legislative, Exekutive und Judikative an Verfassung und Gesetze gebunden sind. Diese Generalnorm definiert Demokratie, Föderalismus und Sozialstaatlichkeit, Wahl und Repräsentation, Verfassungs- und Gesetzestreue der staatlichen Gewalt als tragende Grundsätze des Staatsaufbaus, die gemäß Art. 79 Abs. 3 GG auch durch eine Verfassungsänderung nicht angetastet werden dürfen.

Die vom Verfassungsgeber angestrebte Demokratieform versteht sich als *„pluralistische und soziale Demokratie"*[50]. In ihr spiegeln sich die bei allen Gemeinsamkeiten doch voneinander abweichenden Demokratievorstellungen der Parteien im Nachkriegsdeutschland, die in der unterschiedlichen Gewichtung des

---

[49] Eduard Dreher zitiert nach Fromme (Anm. 22), S. 210.

[50] Vgl. Niclauß (Anm. 17), S. 240 (Hervorhebung im Original) und zu den unterschiedlichen Demokratiekonzepten der Parteien im Nachkriegsdeutschland vgl. ebd., S. 29-88.

Mehrheitsprinzips, der sozialen Anforderungen an die Wirtschaftsordnung und der Ausgestaltung der Machtverteilung divergierten. Übereinstimmung herrschte aber über die grundsätzliche Anerkennung des gesellschaftlichen Pluralismus und die daraus abzuleitende Offenheit im politischen Willensbildungsprozess im Sinne der Konkurrenztheorie der Demokratie.

Dieses Demokratieverständnis grenzt sich eindeutig gegen Vorstellungen ab, die von einer Identität von Regierenden und Regierten und einem homogenen und vorbestimmbaren Gemeinwillen ausgehen. Für Ernst Fraenkel, den wohl bedeutendsten Vertreter der Pluralismustheorie in Deutschland und erklärten Gegner identitärer Demokratiemodelle, ist diese von vielen Ideologien beschworene Identität „nur möglich, wenn auch eine Harmonie der Interessen innerhalb der Bürgerschaft besteht."[51] Die Annahme eines derartigen „Konsensus setzt aber (...) die Existenz einer homogenen Gesellschaft voraus"[52] und erweise sich damit nicht nur als wirklichkeitsfremd, sondern auch in höchstem Maße als totalitär missbrauchbar. Die Konkurrenztheorie der Demokratie basiert dagegen auf der Annahme, dass in der Gesellschaft eine Vielzahl unterschiedlicher, aber gleichermaßen legitimer Interessen bestehen, die gleichberechtigt in den politischen Entscheidungsprozess Eingang finden sollen.

Über diese Anerkennung des gesellschaftlichen Pluralismus hinaus bedarf jede freiheitliche Demokratie eines Konsenses hinsichtlich grundlegender Prinzipien, zu denen insbesondere die grundsätzliche Akzeptanz demokratischer Verfahrensregeln und ein umfassender Menschenrechts- und Minderheitenschutz zu zählen sind.[53] Dieser *„nicht-kontroverse Sektor"*, den Fraenkel vom *„kontroversen Sektor"* unterscheidet, solle allerdings auf einen Minimalkonsens beschränkt bleiben.[54] Für jede pluralistische Demokratie, so auch die Bundesrepublik, sei die Anerkennung der Tatsache charakteristisch, dass in einem weiten Sektor des Gemeinschaftslebens ein „consensus omnium nicht besteht, ja nicht einmal bestehen soll: Dem Bereich der Politik."[55] Über die Rahmenbedingungen einer erfolgreichen Konfliktaustragung im demokratischen Sinne sollte demnach Einigkeit bestehen, über die Inhalte dieses politischen Willensbildungsprozesses

---

[51] Ernst Fraenkel: Deutschland und die westlichen Demokratien, 2. Aufl., Frankfurt a.M. 1990, S. 308.

[52] Ebd., S. 264.

[53] Zum Minimalkonsens vgl. Eisel (Anm. 4), insb. S. 50-94.

[54] Vgl. Fraenkel (Anm. 51), S. 64. Vgl. weiterführend auch Peter Massing: Interesse und Konsensus. Zur Rekonstruktion und Begründung normativ-kritischer Elemente neopluralistischer Demokratietheorie, Opladen 1979, S. 121 f.

[55] Fraenkel (Anm. 51), S. 89.

allerdings nicht, denn das widerspräche dem pluralistischen Charakter einer offenen Gesellschaft.

Die konsensuale Leitformel des Grundgesetzes, die sich durch die ganze Verfassung zieht und expressis verbis im Art. 18 und Art. 21 Abs. 2 GG als Schutzobjekt der streitbaren Demokratie zwar erwähnt, aber nicht ausdrücklich definiert wird, ist die „freiheitliche demokratische Grundordnung". Der Verfassungsgeber wollte mit der eindeutigen Verbindung beider Eigenschaften in klarer Abgrenzung zu den sich ebenfalls „demokratisch" deklarierenden Diktaturen rechts- und linksextremer Prägung eine freiheitliche Ordnung konstituieren.[56]

Das Bundesverfassungsgericht hat sie 1952 im Verbotsurteil gegen die Sozialistische Reichspartei umschrieben als eine „Ordnung, die unter Ausschluss jeglicher Gewalt- und Willkürherrschaft eine rechtsstaatliche Herrschaftsordnung auf der Grundlage der Selbstbestimmung des Volkes nach dem Willen der jeweiligen Mehrheit und der Freiheit und Gleichheit darstellt. Zu den grundlegenden Prinzipien dieser Ordnung sind mindestens zu rechnen: die Achtung vor den im Grundgesetz konstituierten Menschenrechten, vor allem vor dem Recht der Persönlichkeit auf Leben und freie Entfaltung, die Volkssouveränität, die Gewaltenteilung, die Verantwortlichkeit der Regierung, die Gesetzmäßigkeit der Verwaltung, die Unabhängigkeit der Gerichte, das Mehrparteienprinzip und die Chancengleichheit für alle politischen Parteien mit dem Recht auf verfassungsmäßige Bildung und Ausübung einer Opposition."[57] Die freiheitliche demokratische Grundordnung wird somit zum einen in Abgrenzung jedweder Gewalt- und Willkürherrschaft als freiheitlich definiert, während ihr zum anderen demokratische und rechtsstaatliche Strukturmerkmale zugewiesen werden.

Gerade weil die freiheitliche demokratische Grundordnung die „Wegscheide (ist), die Verfassungsfeindschaft von Verfassungstreue"[58] trennt, ist dieser Schlüsselbegriff umstritten und die Festlegung des Bundesverfassungsgerichtes nicht ohne Widerspruch geblieben. Der von den Gegnern der streitbaren Demokratie geäußerte „Verdacht der Beliebigkeit"[59] bei der Auswahl der Prinzipien durch das Bundesverfassungsgericht und der daraus folgende Vorwurf, dass die Verfassungsrichter sich bei der inhaltlichen Ausgestaltung der freiheitlichen demokratischen Grundordnung nicht an die normierten Aussagen des Grundgesetzes gehalten hätten, kann nicht überzeugen. Nicht das Grundgesetz

---

[56] Vgl. u.a. Klaus Stern: Das Staatsrecht der Bundesrepublik Deutschland, Bd. I: Grundbegriffe und Grundlagen des Staatsrechts, Strukturprinzipien der Verfassung, 2. Aufl., München 1984, S. 557f.
[57] Entscheidungen des Bundesverfassungsgerichts (BVerfGE) 2, 12f.
[58] Stern (Anm. 56), S. 570.
[59] Kutscha (Anm. 12), S. 73. Ähnlich argumentieren auch Leggewie/Meier (Anm. 14), S. 215f.

prägt den Begriff der freiheitlichen demokratischen Grundordnung, sondern umgekehrt wurde die Verfassung nach ihrem Leitbild konstruiert und muss daran gemessen werden, inwieweit sie die Grundwerte einer freiheitlichen Demokratie verwirklicht. Im SRP-Urteil stellt das Bundesverfassungsgericht zu Recht fest, dass die Auffassung eines SRP-Vertreters, „es könne verschiedentliche freiheitliche Grundordnungen geben, falsch" sei.[60]

Auch die Kritik, dass sich die vom Bundesverfassungsgericht hervorgehobenen Prinzipien zum Teil überlagern oder auch Gegensätzliches vereinen, kann die Bedeutung der Eingrenzung des Minimalkonsenses durch die Verfassungsrichter nicht schmälern. Es gehört gerade zu den Vorzügen der freiheitlichen Demokratie, dass mit ihr die „Unaufhebbarkeit des Spannungsverhältnisses zwischen Mehrheits-, Freiheits- und Gleichheitsprinzipien"[61] anerkannt und dass durch sie zwischen diesen unverzichtbaren Komponenten einer demokratischen Ordnung vermittelt wird, statt die scheinbare Auflösbarkeit dieser Spannung vorzutäuschen. Gerade weil dieser Festlegung der Inhalte freiheitlich-demokratischer Grundordnung eine besondere Bedeutung zukommt, hätte die höchstrichterliche Rechtsprechung allerdings ausführlicher darlegen können, wie dieses Spannungsverhältnis im Grundgesetz umgesetzt wurde, und vor allem auch stärker begründen sollen, nach welchen, insbesondere demokratietheoretischen Überlegungen ihre Auswahl getroffen wurde.

2. Die Konzeption der streitbaren Demokratie und ihre Umsetzung

Zum Schutz der freiheitlichen demokratischen Grundordnung gegen extremistische Gefahren wurden bei den Verfassungsberatungen in den Ländern verschiedene Maßnahmen diskutiert.[62] Zum einen wurde im Umkreis des Neoliberalismus vor allem von Wilhelm Röpke die Bildung einer Gegenideologie gefordert, bei der eine politische, respektive liberale Elite eine Bewusstseinsbildung im Sinne einer *„réligion civile"* durchsetzen sollte.[63] Zum anderen wurde vornehmlich von Sozialdemokraten eine Regelung verfochten, die – analog zur Lizenzierungspraxis politischer Parteien durch die Alliierten – die Genehmigung einer Parteigründung, aber auch im Fall extremistischer Tendenzen, den möglichen Zulassungsentzug durch einen Verfassungsgerichtshof vorsah. Dolf Stern-

---

[60] BVerfGE 2, 12. Vgl. auch Stern (Anm. 56), S. 560.
[61] Bracher: Zeit der Ideologien (Anm. 35), S. 336.
[62] Vgl. hierzu insb. die Studie von Scherb (Anm. 16).
[63] Vgl. u.a. Wilhelm Röpke: Gegenhaltung und Gegengesinnung der freien Welt, in: Albert Hunold (Hg.): Die freie Welt im Kalten Krieg, Erlenbach/Zürich 1955, S. 183-211 sowie zu weiterführenden Literaturhinweisen Scherb (Anm. 16), S. 252.

berger kritisierte, dass jede dieser Formen der Reglementierung des demokratischen Prozesses zur Abwehr extremer Splittergruppen nur das Gegenteil erreichen würde: „Der furchtsam auf Sicherheit bedachte Machthaber, wie gut er es auch meinen mag, (wird) selber zum unfreiwilligen Unterdrücker; und zugleich lockt er die Gegner an, die sich auf dieses Geschäft besser verstehen – die freiwilligen Unterdrücker."[64] Deshalb forderte Sternberger und die von ihm mitgegründete „Wählergemeinschaft" als Alternative die Einführung des Mehrheitswahlrechts.

Der parlamentarische Rat lehnte diese Alternativkonzepte der Parteien wegen ihrer als negativ erachteten Folgen für den demokratischen Prozess ab und entschied sich für das Grundgesetz und sein streitbares Demokratieverständnis. Mit der zweiten deutschen Republik sollte einerseits ein offener, fairer demokratischer Willensbildungsprozess ermöglicht, aber andererseits auch eine „durch Selbst- und Wertbewusstsein" geprägte Ordnung konstituiert werden, die ihre Grundwerte nicht zur Disposition stellt und für ihren Erhalt streitet.[65] In der Sache knüpfte man in den Verfassungsberatungen an die demokratieschützenden Überlegungen Karl Loewensteins an.

Durch Art. 79 Abs. 3 GG wurden der in Art. 1 niedergelegte Schutz der Menschenwürde und die Art. 20 niedergelegten Ordnungsprinzipien sowie der föderale Aufbau des Staates jeglicher Verfassungsänderung entzogen. Der Volkssouveränität und der Mehrheitsregel wurde somit keine absolute Gültigkeit (bis hin zur Änderung aller Verfassungsbestandteile) gegeben, sondern gegenüber den Minimalanforderungen freiheitlicher Demokratie im Grundgesetz eine nachrangige Bedeutung beigemessen; wiederum ein Beleg für den großen Einfluss der pluralistischen Demokratietheorie Ernst Fraenkels.

Diese Wertgebundenheit wird mit einer Wehrhaftigkeit verknüpft, die in den verfassungsgemäßen Sanktionsmöglichkeiten gegenüber extremistischen Bestrebungen ihre Verankerung findet. Zu den wichtigsten Normen der streitbaren Demokratie, in denen diese Wehrhaftigkeit des Grundgesetzes sichtbar wird, zählen:

- Das Verbot von Vereinigungen, „deren Zwecke oder deren Tätigkeit den

---

[64] Dolf Sternberger: Demokratie ohne Furcht oder Demokratie der Courage?, in: Die Wandlung 4 (1949), S. 3-18, 8f.

[65] Vgl. Walter Schmitt Glaeser: Missbrauch und Verwirkung von Grundrechten im politischen Meinungskampf. Eine Untersuchung über die Verfassungsschutzbestimmung des Art. 18 GG und ihr Verhältnis zum einfachen Recht, insbesondere zum politischen Strafrecht, Bad Homburg/Berlin/Zürich 1968, S. 30.

Strafgesetzen zuwider laufen, oder die sich gegen die verfassungsmäßige Ordnung" richten (Art. 9 Abs. 2 GG);

- Die Grundrechtsverwirkung der Meinungsfreiheit (Art. 5 GG), insbesondere der Pressefreiheit (Art. 5 Abs. 1), der Lehrfreiheit (Art. 5 Abs. 3), der Versammlungsfreiheit (Art. 8), der Vereinigungsfreiheit (Art. 9), des Brief-, Post- und Fernmeldegeheimnisses (Art. 10), des Eigentumsrechts (Art. 14) oder des Asylrechts (Art. 16 Abs. 2), wenn diese zum Kampf gegen die freiheitlich-demokratische Grundordnung missbraucht werden (Art. 18 GG);

- Die Möglichkeit des Verbots verfassungsfeindlicher Parteien (Art. 21 Abs. 2) und

- Die Verpflichtung des öffentlichen Dienstes zur Verfassungstreue (Art. 33 Abs. 4 GG).

Zu den besonderen Kennzeichen der streitbaren Demokratie des Grundgesetzes gehört die Vorverlagerung des Demokratieschutzes. Im Gegensatz zu anderen westlichen Demokratien wird in der Bundesrepublik nicht erst die Verletzung von Strafgesetzen, insbesondere die Anwendung von Gewalt bei der Verfolgung extremistischer Ziele juristisch geahndet. Auch scheinbar im Rahmen der Legalität einzuordnende, friedliche Bestrebungen zur Durchsetzung extremistischer Ideologien können mit dem Instrumentarium der streitbaren Demokratie sanktioniert werden. Diese Vorverlagerung des Demokratieschutzes, an der sich letztlich die Geister scheiden, basiert auf der Einschätzung, dass „nicht nur Methoden, (sondern) auch Ziele (...) verfassungsfeindlich sein"[66] können.

Die Anwendung der Sanktionsmöglichkeiten streitbarer Demokratie obliegt vor allem dem Bundesverfassungsgericht, das bei der Grundrechtsverwirkung auf Antrag des Bundestags, der Bundesregierung oder einer Landesregierung (§ 36 BVerfGG) entscheidungsbefugt ist. Die wenigen Anträge nach Art. 18 GG, die die Bundesregierung (z.B. gegen Gerhard Frey) gestellt hat, sind zurückgezogen oder abgewiesen worden. An den beiden, seit vielen Jahre zum ersten Mal wieder gestellten Anträgen gegen die Neonazis Thomas Dienel und Heinz Reisz, die vom Bundesverfassungsgericht im Juli 1996 verworfen worden sind, zeigt sich das Dilemma des Art. 18 GG.

In ihrer Entscheidungsbegründung verweisen die Verfassungsrichter des Zweiten Senats darauf, dass die beiden Antragsgegner von nachgeordneten Gerich-

---

[66] Eckhard Jesse: Streitbare Demokratie und Rechtsextremismus, in: Frankfurter Rundschau vom 30. Januar 1993.

ten wegen ihrer rechtsextremistischen Betätigung zwischenzeitlich verurteilt und diese Strafen aufgrund positiver Verhaltensprognosen auf Bewährung ausgesetzt wurden. Eine zukünftige Gefahr für die freiheitliche demokratische Grundordnung durch Dienel und Reisz sei derzeit nicht feststellbar. Weder gelang es dem Bundesinnenministerium, seinen Antrag ausreichend zu begründen noch blieb das verfassungsfeindliche Verhalten von Dienel und Reisz konstant.

So stellt sich die Frage, wer nach rechtlich haltbaren Kriterien überhaupt feststellen kann, zu welchem Zeitpunkt ernstlich eine Gefahr für die freiheitliche demokratische Grundordnung besteht, die ein derart massives Eingreifen wie die Grundrechtsverwirkung rechtfertigt. Und vor allem: Wie müssen Art, Dauer und Intensität des Grundrechtsmissbrauchs bemessen sein? Anträge auf Grundrechtsverwirkung haben, zumal wenn sie mit der „heißen Nadel" politischer Aktualität gestrickt sind, vor den Verfassungsrichtern kaum Bestand, da eine konsistente Begründung nahezu unmöglich ist. Selbst bei einer Verhängung der Grundrechtsverwirkung ist der Nutzen zweifelhaft, denn wie sollte die politische Betätigung des Betroffenen überprüft und gegebenenfalls unterbunden werden?

Bislang gab es mit den Urteilen gegen die SRP (1952) und die KPD (1956) nur zwei erfolgreiche Parteiverbotsanträge. Das 2003 vor dem Bundesverfassungsgericht gescheiterte Verbotsverfahren gegen die NPD hat gezeigt, dass die Hürden für ein erfolgreiches Verbotsverfahren erheblich sind. Dabei zeigt sich ein Dilemma für die staatliche Überwachung: Einerseits besteht der verfassungsrechtliche Auftrag zur Überwachung verfassungsfeindlicher Bestrebungen, wozu auch die verdeckte Ermittlung relevanter Informationen in den extremistischen Organisationen erforderlich ist. Andererseits erweist sich diese Tätigkeit des Verfassungsschutzes aber auch als hinderlich, da das Bundesverfassungsgericht unmittelbar vor und während eines erneuten Verbotsverfahrens auf das Abziehen der verdeckten Ermittler aus der Führungsebene besteht.

Durch die im November 2011 aufgedeckten Anschläge einer kleinen rechtsextremen Terrorgruppe aus Zwickau („Nationalsozialistischer Untergrund"), der zehn Morde und eine Reihe von Banküberfällen zur Last gelegt wird, sind auch die Forderungen nach einem erneuten Verbotsantrag gegen die NPD wieder lauter geworden. Der Partei werden die Schaffung eines geistigen Umfelds solcher Gewalttaten und Bezüge in den gewaltbereiten Untergrund vorgehalten. Allerdings steht zur Diskussion, ob ein Parteiverbot – sollte es vor dem Bundesverfassungsgericht durchsetzbar sein – tatsächlich weitere Akteure zurückdrängen kann. Eine derartige Maßnahme kann zwar ein notwendiges Signal gegen rechtsextreme Agitation sein und die Parteiorganisation der NPD zerschlagen, aber wohl kaum die rechtsextremistische Anhängerschaft und Netzwerke. Hier sind vor allem die staatlichen Verfolgungsbehörden gefragt. Gerade das Agieren des Verfassungsschutzes ist im Zuge der Aufdeckung dieser rechtsextremistischen Terrorgruppe allerdings in die Kritik geraten, wobei es zunächst einer gründlichen Ermittlung bedarf, bevor weitere Schlüsse gezogen werden können. Die Frage muss sein, wie der demokratische Rechtsstaat und seine Sicherheitsbehörden extremistische Gewalt, zumal in diesem erschreckenden Ausmaß, wirksam verhindern kann. Ob das NPD-Verbot dabei das Mittel der Wahl sein wird, bleibt fraglich, zumal ein erneutes Scheitern des Antrags ein fatales Signal wäre.

Auch für das Parteiverbot ist das Bundesverfassungsgericht die einzige Instanz, die auf Antrag des Bundestags, des Bundesrats oder der Bundesregierung (§ 43 Abs. 1 BVerfGG) sowie bei einer nur auf Landesebene tätigen Partei auch auf Antrag einer Landesregierung (§ 43 Abs. 2 BVerfGG) ein Verbot verfassungsfeindlicher Parteien aussprechen darf. Demgegenüber können verfassungsfeindliche oder kriminelle Vereinigungen auf Bundes- oder Landesebene von den jeweilig betroffenen Landes- oder Bundesinnenministerien verboten werden. Auf dieses Instrument wird, nach häufigem Gebrauch in den fünfziger Jahren, nur noch selten zurückgegriffen. In den neunziger Jahren sorgte es aber durch das Verbot der Freiheitlichen Deutschen Arbeiterpartei (FAP) vom 24. Februar 1995 und der Arbeiterpartei Kurdistans (PKK) vom 26. November 1993, die beide wegen ihrer organisatorischen Form unter das Vereinsrecht fielen, für Aufsehen.

Die Treueverpflichtung im öffentlichen Dienst, die ihren Niederschlag auch in den Beamtengesetzen gefunden hat, führte infolge des Ministerpräsidentenbeschlusses von 1972 – dem sogenannten „Extremistenbeschluss" (von Kritikern auch „Radikalenerlass" genannt) - zu innenpolitischem Streit. Insbesondere mit der Renaissance neomarxistischer Ideologien in der Studentenbewegung drängten in den siebziger Jahren auch Bewerber in den öffentlichen Dienst, über deren Verfassungstreue Zweifel bestanden und die dem folgend zurückgewiesen wurden. Kritiker sahen darin staatlich verhängte Berufsverbote gegen missliebige Bürger, obwohl der demokratische Rechtsstaat ein legitimes Interesse daran hat, staatliche Hoheitsaufgaben nur durch Bedienstete ausüben zu lassen, die auf dem Boden der Verfassungs- und Rechtsordnung stehen. Zudem bestand für die Betroffenen Rechtsschutz, so dass eine beachtliche Zahl dieser Fälle auch gerichtlich überprüft worden sind. Nachdem man vom Prinzip der „Regelanfrage" beim Verfassungsschutz zur Überprüfung wieder abrückte, haben sich die Wogen geglättet.

3. Streitbare Demokratie in der Kritik

Neben der vielfältigen Kritik an der Anwendungspraxis der streitbaren Demokratie wird der bundesrepublikanischen Konzeption des Demokratieschutzes vor allem ein grundsätzliches „Misstrauen gegenüber dem Volk"[67] vorgehalten, das durch die Vorverlagerung der Eingriffsgrenze und die mit ihr verknüpften Sanktionsmöglichkeiten zu einer unzulässigen Einschränkung der Grundrechte führe. Leggewie und Meier sprechen von einer „verkehrten Welt": „Die traditionellerweise zum Schutz vor staatlicher Gewalt und Willkür formulierten Grundrechte entpuppten sich, aus der Perspektive ihres unterstellten Missbrauchs, als Störpotential in den Händen der Bürger."[68] In der streitbaren Demokratie sehen sie den Ausdruck eines illiberalen Staatsschutzverständnisses, das vor allem auf „ideologische Abgrenzungsrituale fixiert"[69] sei. Ähnlich argumentiert auch die Internationale Liga für Menschenrechte, die in der streitbaren Demokratie einen „Kampfbegriff der fünfziger Jahre" sieht, „der die Fortsetzung des ‚Kalten Krieges' in der Innenpolitik bedeutete und dem Staat die ideologische Unterstützung verschaffte, gegen Personen, die Kraft Definitionsmacht als Staatsfeind eingestuft worden sind, vorzugehen".[70]

Gerade Kritiker der streitbaren Demokratie verkürzen sie auf ihre staatlichen Instrumentarien und bringen sie auf die irreführende Formel: „Keine Freiheit den Feinden der Freiheit"[71]. Streitbare Demokratie bedeutet aber mehr. Sie ist eine Geisteshaltung, die sich dem Erhalt der Demokratie und dem Schutz der Menschenrechte verpflichtet fühlt und sich extremistischen Angriffen auf diese Grundwerte entgegenstellt – ob von rechtsextremer, linksextremer, fundamentalistischer oder anderer Seite. In erster Linie ist die Auseinandersetzung diskursiv zu führen, aber im Fall der Verletzung oder eben auch der massiven Bedrohung fundamentaler Prinzipien freiheitlicher Demokratie soll mit rechtsstaatlichen Mitteln eingeschritten werden, auch wenn so in das Recht auf Versammlungs- oder Vereinigungsfreiheit eigegriffen wird. Dabei geht es weder um eine Stigmatisierung von Menschen mit verfassungsfeindlicher Gesinnung oder gar um ihre Rechtlosigkeit. Die Grund- und Freiheitsrechte werden ihnen aber – wie

---

[67] Falco Werkentin: Von der Angst vor dem Volk und dem Schutz der Verfassung. Die verfassungs(schutz)rechtlichen Grundentscheidungen des Parlamentarischen Rates, in: Vorgänge 28 (1989), Heft 3, S. 41-59, 47.
[68] Leggewie/Meier (Anm. 6), S. 601.
[69] Dies. (Anm. 14), S. 17.
[70] Internationale Liga für Menschenrechte (Anm. 7), S. 114.
[71] So z.B. Leggewie/Meier (Anm. 14), S. 234. Diese oft im Zusammenhang mit der streitbaren Demokratie kolportierte Wendung stammt vom Jakobiner Saint Just.

allen anderen – nicht schrankenlos gewährt. Es darf „keine Freiheit zur Beseitigung der Freiheit"[72] geben.

Selbst für Leggewie und Meier, die ein „radikaldemokratisches, offenes Demokratieverständnis" bei der Auseinandersetzung mit Extremisten fordern, hat Toleranz eine Grenze, wie sich bei ihrem Plädoyer für die Ahndung von politischer Gewalt und dem Verbot nationalsozialistischer Nachfolgeorganisationen zeigt.[73] Warum sie sich so vehement gegen die Konzeption der streitbaren Demokratie wenden, bleibt daher nicht einsichtig. Wenn grundsätzlich anerkannt würde, dass das Grundgesetz mit seiner Wertgebundenheit und Streitbarkeit für den Erhalt der von der Mehrzahl der Kritiker wie der Befürworter getragenen demokratischen und rechtsstaatlichen Grundwerte einstehen will, wäre schon viel gewonnen.

Die Diskussion über Verhältnis- oder Zweckmäßigkeit einzelner Elemente der streitbaren Demokratie, wie etwa der Grundrechtsverwirkung oder der Anwendungspraxis, könnte dann der zweite Schritt sein. Auch die Forderung von Hans-Gerd Jaschke, sich weniger der Stigmatisierung des Extremisten als vielmehr der Untersuchung der Entstehungsbedingungen sozialen Protests zu widmen[74], ist nachvollziehbar und zielt auf eine wichtige Komponente der Auseinandersetzung mit dem Phänomen des politischen Extremismus. Ziel aller Überlegungen zur streitbaren Demokratie sollte sein, die Ursachen des Extremismus aufzuzeigen, die Aktivitäten wo notwendig zu bekämpfen und damit einen erfolgversprechenden wie normativ vertretbaren Umgang mit dem Dilemma des Demokratieschutzes zu finden. Die vom Parlamentarischen Rat gewählten Instrumentarien können dabei durchaus zur Diskussion stehen, denn nicht alles hat sich bewährt; nur die grundsätzliche Bereitschaft, sich für den Erhalt der offenen Gesellschaft und Verwirklichung der demokratischen Grundwerte einzusetzen, sollte außer Frage stehen.

IV. Schlussbetrachtung

Die Betrachtung der Konzeption der streitbaren Demokratie sowie ihrer historischen und staatsrechtlichen Bezugspunkte führte durch ein wechselvolles Jahrhundert der deutschen Geschichte. Die Weimarer Republik, deren Verfassung

---

[72] So der Grundsatz der streitbaren Demokratie, wie ihn u.a. Eckhard Jesse formuliert hat. Ders. (Anm. 13), S. 9.
[73] Leggewie/Meier (Anm. 14), S. 17 (Zitat), 249-263 und 308-319.
[74] Vgl. Jaschke (Anm. 15), S. 43-49 und 52-57.

auf einem radikaldemokratischen Freiheitsverständnis basierte, konnte sich ihrer Gegner nicht erwehren. Dabei waren es weniger die (vermeintlichen) Strukturschwächen der Reichsverfassung als vielmehr der fehlende demokratische Geist in Gesellschaft, Politik und Verwaltung sowie die mangelnde Abwehrbereitschaft gegen ihre Gegner, die zu ihrem Untergang führte.

Unter dem Eindruck der nationalsozialistischen Diktatur wurde, vor allem unter deutschen Emigranten in den Vereinigten Staaten, über mögliche Konsequenzen aus dem Scheitern der Weimarer Republik diskutiert. Ihrer wertrelativistischen Ordnung sollte ein wertbestimmtes und wehrhaftes Demokratieverständnis entgegengesetzt werden, wobei man sich des „demokratischen Dilemmas" bewusst war, Grundrechte begrenzen zu müssen, deren Erhalt man schützen wollte. Karl Loewensteins Modell einer *„militant democracy"* verstand sich daher vielmehr als ein Krisenkonzept für Zeiten akuter Bedrohung der demokratischen Ordnung.

Der Parlamentarische Rat knüpfte an seine Idee der Wehrhaftigkeit an und verankerte den Schutz der freiheitlichen demokratischen Grundordnung als einen dauerhaften Bestandteil der Verfassung. Die Bundesrepublik Deutschland sollte eine in ihrem Wesenskern wertgebundene Verfassungsordnung bekommen, die für den Erhalt ihrer Grundwerte eintritt. Die streitbare Demokratie des Grundgesetzes sollten Kritiker nicht nur an ihrem Instrumentarium (der Grundrechtsverwirkung, den Partei- oder Vereinigungsverboten oder der Treueverpflichtung des öffentlichen Dienstes) messen, sondern vor allem auch daran, inwieweit die durch sie geschützten Grundwerte in Politik und Gesellschaft verwirklicht sind.

Die Frage nach dem „demokratischen Dilemma" des Demokratieschutzes stellt sich stets aufs Neue. Nachdem sich die Diskussion um den Extremistenbeschluss gelegt hat, fällt das Augenmerk wieder stärker auf die anderen, wenig oder gar nicht angewendeten Instrumente der streitbaren Demokratie. Leggewie und Meier sprechen von den „rostigen Schwertern"[75], weil sie entweder - wie bei den Vereinigungsverboten - für einen vermeintlichen inhaltslosen, etatistischen Aktionismus stehen oder – wie bei der Grundrechtsverwirkung – gar nicht zur Anwendung kommen. Auch wenn ihre Kritik aus einer grundsätzlichen Ablehnung der streitbaren Demokratie überzogen und widersprüchlich ist, eines ist richtig: Die Instrumente der streitbaren Demokratie bedürfen von Zeit zu Zeit der Überprüfung.

---

[75] Leggewie/Meier (Anm. 14), S. 60-92, insb. S. 82. Siehe auch dies. (Anm. 6).

Insbesondere die Grundrechtsverwirkung ist in der Praxis kaum umsetzbar und kollidiert mit dem Menschenrechtsethos des Grundgesetzes. Eine Streichung dieser Regelung würde der freiheitlichen demokratischen Grundordnung eher nutzen als schaden. Bei den Parteiverboten stellt sich die Diskussion nach dem gescheiterten Verbotsverfahren gegen die NPD wieder ganz aktuell: Gerade weil der Eingriff so massiv ist, legt das Bundesverfassungsgericht zu Recht so hohe Anforderungen an die Beweisführung und Verhältnismäßigkeit. Es erstaunt daher durchaus, wie breit die Forderung nach einem erneutem Verbotsverfahren gegen die NPD getragen wird, ohne die Problematik eines solchen Verfahrens und Eingriffes wirklich tiefergehend zu abzuwägen. Ein erneutes Scheitern vor dem Bundesverfassungsgericht wäre jedenfalls ein fatales Signal in die rechtsextreme Unterstützerszene.

In diesem Zusammenhang ist auch verfassungsrechtlich zu überlegen, ob bei verfassungsfeindlichen Parteien nicht zusätzliche Maßnahmen unterhalb der Verbotsschwelle erfolgversprechend sein könnten. So sind im Zusammenhang der Verfassungsberatungen des „Kuratoriums für einen demokratisch verfassten Bund deutscher Länder" interessante Vorschläge für die Neuregelung des Art. 21 Abs. 4 vorgestellt worden, wie ein zeitweiliger Wahlausschluss oder ein befristetes Verbot von verfassungsfeindlichen Parteien als Bewährungszeit.[76] Auch eine Aussetzung der Teilhabe an der staatlichen Parteienfinanzierung könnte ein hilfreicher Ansatz sein, um derartige extremistische Organisationen zu schwächen. Freilich bedarf es auch bei solchen Eingriffen eines klaren rechtsstaatlichen Verfahrens mit Feststellung und Überprüfbarkeit durch die Verwaltungsgerichtsbarkeit und das Bundesverfassungsgericht.

Vor allem muss aber wieder stärker in das Bewusstsein dringen, dass die streitbare Demokratie nicht nur eine Sammlung von Abwehrinstrumentarien im Grundgesetz ist. Vielmehr ist ein wachsames und bewusstes Demokratieverständnis mit der Rückbesinnung auf die Grundwerte einer offenen Gesellschaft sowie die aktive Verteidigung dieser freiheitlichen demokratischen Grundordnung gegen ihre Gegner die entscheidenden Elemente einer streitbaren Demokratie. Ein richtig verstandener und vor allem gelebter „Verfassungspatriotismus"[77] ist eine der größten Chancen, freiheitliche Demokratie zu verwirklichen, gegen ihre Feinde zu schützen und das „demokratische Dilemma" des Demokratieschutzes zu minimieren.

---

[76] Vgl. Bernd Guggenberger/Ulrich K. Preuß/Wolfgang Ullmann (Hg.): Eine Verfassung für Deutschland. Manifest – Text – Plädoyer, München 1991, S. 134f (Wortlaut der Verfassung S. 99-299).

[77] Vgl. Dolf Sternberger: Verfassungspatriotismus, Hannover 1982, S. 13f.

Weiterführende Literaturhinweise

Holger Albrecht/Rolf Frankenberger (Hg.): Autoritarismus reloaded. Staat, Gesellschaft, Wandel. Baden-Baden 2010.

Uwe Backes: Politische Extreme. Eine Wort- und Begriffsgeschichte von der Antike bis zur Gegenwart, Göttingen 2006.

Uwe Backes/Eckhard Jesse (Hg.): Jahrbuch Extremismus & Demokratie, Bd. 1-23, Bonn 1989-1994, Baden-Baden 1995-2011.

Uwe Backes/Eckhard Jesse: Vergleichende Extremismusforschung, Baden-Baden 2005.

Gregor Paul Boventer: Grenzen politischer Freiheit im demokratischen Staat. Das Konzept der streitbaren Demokratie in einem internationalen Vergleich, Berlin 1985.

Ulrich Dovermann (Hg.): Linksextremismus in der Bundesrepublik Deutschland. Schriftenreihe der Bundeszentrale für politische Bildung Nr. 1135, Bonn 2011.

Stephan Eisel: Minimalkonsens und freiheitliche Demokratie. Eine Studie zur Akzeptanz der Grundlagen demokratischer Ordnung in der Bundesrepublik Deutschland; Paderborn u.a. 1986.

Jennifer Gandhi: Political Institutions under Dictatorship, Cambridge 2008.

Barbara Geddes: What Do We Know about Democratization after Twenty Years?, in: Annual Review of Political Science 2 (1999), S. 115-144.

Axel Hadenius/Jan Teorell: Pathways from Authoritarianism, in: Journal of Democracy 18 (2007), S. 143-156.

Hans-Gerd Jaschke: Streitbare Demokratie und Innere Sicherheit. Grundlagen, Praxis und Kritik, Opladen 1991.

Eckhard Jesse: Die Linke, in: Dossier Linksextremismus, Online-Angebot der Bundeszentrale für politische Bildung vom 12.03.2008, Quelle:, http://www.bpb.de/themen/YF29J6,0,0,Die_Linke.html (Stand: 22.11.2011).

Eckhard Jesse: Die LINKE – demokratietheoretische, parteiensystematische und koalitionsstrategische Überlegungen in: Ulrich Dovermann (Hg.): Linksextremismus in der Bundesrepublik Deutschland. Schriftenreihe der Bundeszentrale für politische Bildung Nr. 1135, Bonn 2011, S. 123-142.

Eckhard Jesse: Streitbare Demokratie: Theorie, Praxis und Herausforderungen in der Bundesrepublik Deutschland, Berlin 1981.

Eckhard Jesse (Hg.): Totalitarismus im 20. Jahrhundert: Eine Bilanz der internationalen Forschung, Baden-Baden 1999.

Eckhard Jesse/Steffen Kailitz (Hg.): Prägekräfte des 20. Jahrhunderts – Demokratie, Extremismus, Totalitarismus, Baden-Baden 1997.

Eckhard Jesse/Jürgen P. Lang: DIE LINKE – Der smarte Extremismus einer deutschen Partei, München 2008.
Eckhard Jesse/Tom Thieme (Hg.): Extremismus in den EU-Staaten, Wiesbaden 2011.

Steffen Kailitz: Stand und Perspektiven der Autokratieforschung, in: Zeitschrift für Politikwissenschaft 19 (2009), S. 437-488.

Steffen Kailitz: Varianten der Autokratie im 20. und 21. Jahrhundert, in: Totalitarismus und Demokratie 6 (2009), S. 209-251.

Patrick Köllner: Autoritäre Regime – Ein Überblick über die jüngere Literatur, in: Zeitschrift für Vergleichende Politikwissenschaft 2 (2008), S. 351-366.

Jürgen P. Lang: Ist die PDS eine demokratische Partei? Eine extremismustheoretische Untersuchung, Baden 2003.

Claus Leggewie/Horst Meier: Republikschutz. Maßnahmen für die Verteidigung der Republik, Reinbek 1995.

Steven Levitsky/Lucan Way: Competitive Authoritarianism: Hybrid Regimes after the Cold War, New York 2010.

Juan Linz: Totalitäre und autoritäre Regime, Berlin 2003.

Lars Oliver Michaelis: Politische Parteien unter der Beobachtung des Verfassungsschutzes. Die Streitbare Demokratie zwischen Toleranz und Abwehrbereitschaft, Baden-Baden 2000.

Gero Neugebauer: Von der SED/PDS zur Partei die Linke. Oszillieren zwischen Demokratie und Extremismus?, in Ulrich Dovermann (Hg.): Linksextremismus in der Bundesrepublik Deutschland. Schriftenreihe der Bundeszentrale für politische Bildung Nr. 1135, Bonn 2011, S. 95-122.

Tim Peters: Der Antifaschismus der PDS aus antiextremistischer Sicht, Wiesbaden 2006.

Andreas Schedler (Hg.): Electoral Authoritarianism. The Dynamics of Unfree Competition, Boulder/London 2006.

Helmut Steinberger: Konzeption und Grenzen freiheitlicher Demokratie, Berlin 1974.

Richard Stöss: Die Linke, in: Dossier Linksextremismus, Online-Angebot der Bundeszentrale für politische Bildung vom 12.03.2008, Quelle: http://www.bpb.de/themen/QIBIMY,1,0,Die_Linke.html (Stand: 22.11.2011).

Streitgespräch zum Thema Linksextremismus zwischen Prof. Richard Stöss und Prof. Uwe Backes in: Ulrich Dovermann (Hg.): Linksextremismus in der Bundesrepublik Deutschland. Schriftenreihe der Bundeszentrale für politische Bildung Nr. 1135, Bonn 2011, S. 291-318.

Impressum:	Hessische Landeszentrale für politische Bildung
	Referat VII: Diktaturforschung und Bildungsarbeit
	Demografischer Wandel
Redaktion:	Dr. Carmen Everts, Referatsleiterin
Umschlag:	ansicht kommunikationsagentur, Wiesbaden
Druck:	Blickpunkt Druckproduktion, Kelsterbach

Die Beiträge stellen keine Meinungsäußerung der HLZ dar. Für den Inhalt der namentlich gekennzeichneten Texte tragen die Autoren selbst Verantwortung.

© 12 / 2011   HLZ, Wiesbaden
ISBN 978-3-927127-96-8